KB105761

토피카

정암고전총서 키케로 전집

토피카

키케로

성중모 옮김

아카넷

'정암고전총서'를 펴내며

그리스·로마 고전은 서양 지성사의 뿌리이며 지혜의 보고이다. 그러나 이를 한국어로 직접 읽고 검토할 수 있는 원전 번역은 여전히 드물다. 이런 탓에 우리는 서양 사람들의 해석을 수동적으로 수용하는 처지를 완전히 극복하지 못하고 있다. 사상의 수입은 있지만 우리 자신의 사유는 결여된 불균형의 문제를 안고 있는 것이다. 이런 상황은 우리의 삶과 현실을 서양의 문화유산과 연관 지어 사색하고자 할 때 특히 심각한 문제를 야기한다. 우리 자신이 부닥친 문제를 자기 사유 없이 남의 사유를 통해 이해하거나 해결하는 것은 거의 불가능하기 때문이다. 우리의 문제에 대한 인문학적 대안들이 때로는 현실을 적확하게 꼬집지 못하는 공허한 메아리로 들리는 것도 그런 이유 때문일 것이다.

한 공동체에서 살아가는 사람들이 자신들의 생각과 말을 나누며 함께 고민하는 문제와 만날 때 인문학은 진정한 울림이 있는 메아리가 될 수 있다. 이것은 우리가 우리의 현실을 함께 고민하는 문제의식을 공유함으로써 가능하겠지만, 그조차도 함께 사유할 수 있는 텍스트가 없다면 요원한 일일 것이다. 사유를 공유할 텍스트가 없을 때는 앎과 말과 함이 분열될 위험에 노출될 수 있기 때문이다. 이런 점에서 진정한 인문학적 탐색은 삶의 현실이라는 텍스트, 그리고 생각을 나눌 수 있는 문헌 텍스트와 만나는 이중의 노력에 의해 가능할 것이다.

현재 한국의 인문학적 상황은 기묘한 이중성을 보이고 있다. 대학 강단의 인문학은 시들어 가고 있는 반면 대중 사회의 인문학은 뜨거운 열풍이 불어 마치 중흥기를 맞이한 듯하다. 그러나 현재의 대중 인문학은 비판적으로 사유하는 인문학이 되지 못하고 자신의 삶을 합리화하는 도구로 전락하는 경향이 없지 않다. 사유 없는 인문학은 대중의 욕망을 충족시키기 위해 소비되는 상품에 지나지 않는다. '정암고전총서' 기획은 이와 같은 한계상황을 극복할 수 있는 기본적인 토대를 마련하고자 하는 절실한 문제의식에서 시작되었다.

정암학당은 철학과 문학을 아우르는 서양 고전 문헌의 연구와 번역을 목표로 2000년 임의 학술 단체로 출범하였다. 그리고 그 첫 열매로 서양 고전 철학의 시원이라 할 『소크라테스 이전 철학자들의 단편 선집』을 2005년도에 펴냈다. 2008년에는 비영리 공익법인의 자격을 갖는 공적인 학술 단체의 면모를 갖추고 플라톤 원전 번역을 완결할 목표 아래 지금까지 20여 종에 이르는 플라톤 번역서를 내놓고 있다. 이제 '플라톤 전집' 완간을 눈앞에 두고 있는 시점에 정암학당은 지금까지의 시행착오를 밑거름 삼아 그리스·로마의 문사철 고전 문헌을 한국어로 옮기는 고전 번역 운동을 본격적으로 펼치려 한다.

정암학당의 번역 작업은 철저한 연구에 기반한 번역이 되도록 하기 위해 처음부터 공동 독회와 토론을 통해 이루어진다. 번역 초고를 여러 번에 걸쳐 교열·비평하는 공동 독회 세미나를 수행하여 이를 기초로 옮긴이가 최종 수정하는 방식으로 진행된다. 이같이 공동 독회를 통해 번역서를 출간하는 방식은 서양에서도 유래를 찾기 어려운 번역 시스템이다. 공동 독회를 통한 번역은 매우 더디고 고통스러운 작업이지만, 우리는 이 같은 체계적인 비평의 과정을 거칠 때 믿고 읽을 수 있는 텍스트가 탄생할 수 있다고 확신한다. 이런 번역 시스템 때문에 모든 '정암고전총서'에는 공동 윤독자를 병기하기로 한다. 그러나 윤독자들의 비판을 수용할지 여부는 결국 옮긴이가 결정한다는 점에서 번역의 최종 책임은 어디까지나 옮긴이에게 있다. 따라서 공동 윤독에 의한 비판의 과정을 거치되 옮긴이들의 창조적 연구 역량이 자유롭게 발휘될 수 있도록 노력하였다.

정암학당은 앞으로 세부 전공 연구자들이 각각의 연구팀을 이루어 연구와 번역을 병행함으로써 아리스토텔레스 철학 원전, 키케로 전집, 헬레니즘 선집 등의 번역본을 출간할 계획이다. 그리고 이렇게 출간될 번역본에 대한 대중 강연을 마련하여 시민들과 함께 호흡할 수 있는 장을 열어 나갈 것이다. 공익법인인 정암학당은 전적으로 회원들의 후원으로 유지된다는 점에서 '정암고전총서'는 연구자들의 의지뿐만 아니라 시민들의 소중한 뜻이 모여 세상 밖에 나올 수 있는 셈이다. 이런 점에서 '정암고전총서'가 일종의 고전 번역 운동으로 자리매김되길 기대한다.

'정암고전총서'를 시작하는 이 시점에 두려운 마음이 없지 않으나, 이런 노력이 서양 고전 연구의 디딤돌이 될 것이라는 희망, 그리고 새로운 독자들과 만나 새로운 사유의 향연이 펼쳐질 수 있으리라는 기대감 또한 적지 않다. 어려운 출판 여건에도 '정암고전총서' 출간의 큰 결단을 내린 아카넷 김정호 대표에게 경의와 감사의 뜻을 전한다. 끝으로 정암학당의 기틀을 마련했을 뿐만 아니라 앎과 실천이 일치된 삶의 본을 보여 주신 이정호 선생님께 존경의 마음을 표한다. 그 큰 뜻이 이어질 수 있도록 앞으로도 치열한 연구와 좋은 번역을 내놓는 노력을 다할 것이다.

2018년 11월
정암학당 연구자 일동

'정암고전총서 키케로 전집'을 펴내며

"철학 없이는 우리가 찾는 연설가를 키워낼 수 없다(Sine philosophia non posse effici quem quaerimus eloquentem)."(『연설가』4.14)

키케로가 생각한 이상적 연설가는 철학적 사유가 뒷받침된 연설가이다. 정암학당 키케로 연구 번역팀의 문제의식 역시 여기서 출발한다. 당파를 지키고 정적을 공격하는 수많은 연설문, 연설문 작성의 방법론을 논하는 수사학적 저술, 개인적 시각에서 당대 로마 사회를 증언하는 사적인 편지 등 로마 공화정 말기를 기록한 가장 풍부한 문헌 자료들을 남긴 키케로를 전체적으로 이해하는 토대는 그의 철학 저술이다.

키케로의 철학 저술은 그의 모든 저술을 이해하는 벼리가 될 뿐만 아니라, 로마 문명이 희랍 철학을 주체적으로 수용하게 되는 계기를 제공했다는 점에서 중요한 철학사적 의의를 지닌다.

기원전 1세기 전후로 본격화된 희랍 철학자들과의 교류를 통해 회의주의 아카데미아 학파, 소요 학파, 스토아 학파, 에피쿠로스 학파, 견유 학파 등의 학설이 로마에 소개되고 정착되었으며, 그 과정에서 키케로는 당시 로마 사회의 지적인 요구와 실천적 관심을 반영한 철학책들을 라틴어로 저술했다. 그의 철학 저술은 희랍 철학이 로마라는 새로운 용광로에서 뒤섞이고 번역되어 재창조되는 과정을 생생하게 보여준다.

키케로의 철학 저술에 담긴 내용은 비단 철학에 국한되지 않는다. 정치가로서 탁월한 그의 역할에 비례하여 로마법에 대한 해박한 지식이, 로마 전통에 대한 자긍심과 희랍 문물을 로마에 소개하려는 열정에 의해 희랍과 로마 문학 작품의 주옥같은 구절들이 그의 저술 곳곳에 박혀 있다. 이에 정암학당 키케로 연구 번역팀은 고대 철학, 법학, 문학, 역사 전공자들이 한자리에 모여 함께 그의 작품을 연구하기 시작하였고, 이는 이미 10년을 훌쩍 넘겼다. 서로 다른 전공 분야의 이해와 어휘를 조율하는 어려움 속에서도 키케로 강독은 해를 거듭하면서 점차 규모와 체계를 갖추게 되었다. 번역어 색인과 인명 색인이 쌓였고, 미술사를 포함한 인접 학문과의 연계와 접점도 확대되었으며, 이제 키케로의 철학 저술을 출발점으로 삼아, 정암고전총서 키케로 전집을 선보인다.

키케로 전집 출간이라는 이 과감한 도전은 2019년 한국연구재단의 연구소 지원사업을 통해 획기적으로 진척되었으며, 2020년 이탈리아 토리노 대학 인문학부와의 협약으로 키케로 저술과 관련된 문헌 자료 지원을 받게 되었다. 이 두 기관은 정암고전총서 키케로 번역 전집을 출간하는 데 큰 도움을 주었다. 그러나 이 도전과 성과는 희랍 로마 고전 번역의 토대가 되도록 정암학당의 터를 닦은 이정호 선생님, 이 토대를 같이 다져주신 원로 선생님들, 20년에 걸친 플라톤 번역의 고된 여정을 마다하지 않은 정암학당 선배 연구원들, 그리고 서양 고대 철학에 대한 애정과 연구자들에 대한 호의로 정암학당을 아껴주신 후원자들, 흔쾌히 학술출판을 맡아준 아카넷 출판사가 없었다면 불가능했을 것이다. 학문 공동체의 면모가 더욱 단단해지는 가운데 우리는 내일 더 큰 파도를 타리라.

2021년 9월
정암고전총서 키케로 전집 번역자 일동

차례

작품 내용 구분

일러두기

1. 번역은 윌킨스(A. S. Wilkins)의 편집본 The Oxford Classical Texts(Scriptorum Classicorum Bibliotheca Oxoniensis)(Oxford, 1903)를 비판교감기(apparatus criticus)와 함께 그대로 이용하였다. 번역에 참고한 작품으로는 6세기 보에티우스의 『토피카 주석』이 있다.

2. 필사본 전통과 관련해서는, 10세기의 codex Ottobonianus 1406(O)이 모든 전거의 기초가 된다. 또한 10세기의 codex Vossianus 84(A), codex Vossianus 86(B)와 codex Marcianus 257(m)의 필사본들이 있다. 이 밖에도 가치가 약간 떨어지는 10세기와 11세기의 'codices deteriores'라고 불리는 일곱 개의 사본이 더 있다.

3. 원문의 장 번호는 로마 숫자(I, II, III)로, 절 번호는 아라비아 숫자(1, 2, 3)로 표시했다.

4. 주석의 약호는 다음 문헌을 뜻한다.

    D. = Digesta 『학설휘찬(學說彙纂)』

    Gai. = Gai Institutiones 『가이우스의 법학제요(法學提要)』

    I. = Institutiones Iustiniani 『유스티니아누스의 법학제요』

    C. = Codex Iustinianus 『유스티니아누스의 칙법전』

토피카

Ⅰ 1 가이우스 트레바티우스 군! 더 중요하기도 하고 최근 단기간에 아주 대량으로 출판했던 책들과 더 일관되기도 하는 주제들에 관해 내가 쓰기 시작했을 때, 자네의 고집이 바로 이 경로에서 날 중지시켰네. 자네가 내 투스쿨룸 별장에서 나와 함께 머물던 때, 우리는 각자 서재에서 자기 구미에 맞게 보고 싶은 두루마리들을 펼쳐보고 있었지. 자네는 아리스토텔레스의『토피카』[1]라는 책을 발견했는데, 그 책은 그가 여러 권[2]에 걸쳐 풀어낸 것이네. 그 제목에 흥분하여 자네는 곧바로 나에게 그 책의 내용을 물었지.

2 그런데 내가 자네에게, 우리가 어떠한 오류도 없이 이성적 방도[3]로써 논거들에 이르게 만드는, 아리스토텔레스가 발견한

논거 발견의 방법이 그 책에 들어 있다고 설명했을 때, 자네는 다른 모든 일에서 그러하듯 조심스럽게, 하지만 자네가 열정으로 불타고 있음을 쉽게 간파할 수 있을 정도로 분명하게 나에게 그 내용을 알려 달라고 애원했지. 그런데 나는, 내 노고를 피하기 위해서라기보다 자네에게 더 이익이 될 거라 생각했기 때문에, 책을 자네 스스로 읽거나 아니면 아주 박식한 수사학 교사에게 전체 체계를 배우라고 권했었네. 내가 자네에게 들었듯이, 자네는 그 두 가지를 다 해 보았지.

3 그러나 불명확함이 자네를 책에서 떼어 놓았네. 게다가 그 훌륭한 수사학 교사도 자기는 아리스토텔레스의 교설을 모른다고 대답한 것 같더군. 나는 철학자들조차 극히 소수를 제외하고는 아는 자가 없는 그 철학자를[4] 그 수사학 교사가 알지 못했다는 점에는 전혀 놀라지 않았네. 다만 철학자들이 모르는 것은 모른 체할 수가 없네. 그들이 그 철학자가 주장한 것과 발견한 것들뿐만 아니라 그의 언사가 갖는 믿을 수 없는 어떤 풍부함[5]과 유려함[6]에도 이끌렸어야 하기에 말이지.

4 그리하여 나는, 빈번히 그것을 청하면서도 나에게 부담 주는 것을 저어하는 ― 나는 이 점을 쉬이 알아챘었지 ― 자네에게 더 이상 빚진 채로 있을 수 없었네. 다름 아닌 법률가인 자네에게 불법이 가해지는 것으로 보이지 않으려면 말일세. 실로 자네는 나와 내 사람들에게 다량의 법문서를 자주 작성해 주었는데,

그럼에도 내가 지체한다면 배은망덕하거나 오만한 것으로 보이게 되지는 않을까 두려웠네. 하지만 우리가 함께 있던 동안 내가 얼마나 바빴는지는 자네가 확실한 증인이지.

5 국가도 동지들도 나의 조력을 필요로 하지 않았고, 내가 무장 세력 사이에서 안전하게는커녕 명예를 유지한 채 머물 수 없었기 때문에, 내가 희랍으로 출발하며 자네를 떠났을 때, 벨리아[7]로 가 자네의 집과 가족을 보고 내 이 빚을 상기하게 되었을 때, 자네의 말없는 요청을 소홀히 하기는[8] 정말 싫었네. 그리하여 내 수중에 책이 없어서 항해 중 기억에만 의지해 이 책을 썼고 여정 중에 그 걸 자네에게 부쳤지. 자네의 부탁에 대해 내가 신경 쓰고 있다는 사실로 — 물론 자네는 독촉할 필요가 없는 사람이지만 — 자네도 또한 내 일을 기억하도록 만들기 위함이었네.[9] 여하튼 이제 내가 원래 계획한 것으로 나아갈 시간이 되었네.

II 6 세심한 논증 체계라면 모두 두 부분, 즉 발견의 부분과 판단[10]의 부분으로 이루어져 있기 때문에,[11] 내 생각엔 확실히 두 부분 모두 첫째 사람은 아리스토텔레스였다네. 그러나 두 번째 부분을 정교하게 다듬은 것은 스토아학파 사람들이었지.[12] 즉 그들은 사람들이 '디알렉티케(변증술)'라고 부르는 학으로 판단의 길을 세심하게 따라갔던 것이네. 그러나 '토피케(논소술)'라고 불리는 발견의 기술을, 실용에 더 효과가 있을 뿐만 아니라 자연적 순서에서도 확실히 먼저임에도 불구하고, 완전히 방기하였다네.

7 그러나 두 분야 모두에 지극한 유용함이 있고 앞으로 나에게 한가함이 있게 되면 둘 다를 탐구하려 생각하고 있기 때문에, 자연적 순서상 먼저인 것부터 시작하려 하네. 그런데 장소가 밝혀지고 표시되면 숨겨진 물건들의 발견이 용이하듯, 우리가 일정한 논거를 탐색하려 할 때도 그것의 장소들을 알아야 하겠지. 그리하여 아리스토텔레스는 그것들을, 말하자면 논거들을 꺼내는 자리라는 의미에서 그렇게 논소라고 불렀던 것이네.

8 그리하여 논소란 논거의 자리이고, 논거는 의심스러운 사항에 신빙성을 주는 근거라고 정의할 수 있겠지.[13] 그런데 논거들을 담고 있는 이 논소들 가운데 어떤 것들은 분쟁대상 자체 내에 부착되어 있고, 다른 것들은 외부로부터 취해지네.[14] 대상 자체 안에 붙어 있는 논소들로는 '전체로부터', '부분으로부터', '어의로부터', 그리고 '문제대상과 일정한 방식으로 관련되어 있는 사항들로부터'라는 논소가 있지. 반면 대상의 외부로부터 이끌어지는 논소들이란, 대상 자체 안에 있지 않고 멀리 떨어져 있는 논소들이네.

9 논의 주제 전체에 이제 정의(定義)가 적용되네. 정의[15]란 문제되는 주제를, 말하자면, 싸여 있는 상태에서 풀어내는 것이지. 이 논변의 정식은 다음과 같네. "시민법은 동일한 국가[16]에 속하는 자들을 위해 그들이 자기 것을 갖도록 제정된 형평이다. 그런데 이 형평의 인식은 유용하다. 따라서 시민법의 지식은 유용하다."

10 다음은 부분들의 열거[17]인데, 다음과 같이 이루어지네. "만약 호구조사로도, 권장(權杖, 권력을 상징하는 막대기)으로도, 유언으로도 자유롭게 된 것이 아니라면,[18] 그는 자유롭지 않다. 그런데 이것들 중 어느 것도 아니다. 그러므로 그는 자유롭지 않다."

다음은 어의분석인데, 단어의 의미로부터 일정한 논변이 유도되네. 다음과 같네. "법률이 로마의 정주시민(assiduus)을 위한 출두보증인은 정주시민일 것을 규정하는 경우[19], 이는 자력 있는 자를 위한 출두보증인 자신도 자력이 있어야 함을 규정하는 것이다. 왜냐하면 정주시민이란, 루키우스 아일리우스가 말하듯, '동화(銅貨)를 공여하다(aes dare)'에서 파생하여 그렇게 불리기 때문이다."

III 11 문제되는 주제와 일정한 방식으로 관계되어 있는 사항들로부터 논변들이 이끌어지네. 그런데 이 종류는 여러 부분으로 나뉘지. 즉 우리가 어떤 것은 '파생결합관계', 어떤 것은 '유(類)로부터', 어떤 것은 '종(種)으로부터', 어떤 것은 '유사로부터', 어떤 것은 '차이로부터', 어떤 것은 '대립하는 것으로부터', 어떤 것은 '당연결부되는 것으로부터', 어떤 것은 '선행하는 것으로부터', 어떤 것은 '후행하는 것으로부터', 어떤 것은 '모순되는 것으로부터', 어떤 것은 '원인으로부터', 어떤 것은 '결과로부터', 어떤 것은 '더 큰 것 또는 같은 것 또는 더 작은 것의 비교로부터'라고 부른다네.

12 파생결합관계란 동일한 종류의 단어들로부터 이끌어지는 논변을 말하지. 그런데 동일한 종류의 단어들이란 하나에서 파생하여 다양하게 바뀌는 단어들을 말한다네. 예컨대 'sapiens(지혜로운)', 'sapienter(지혜롭게)', 'sapientia(지혜)' 등이 그렇지. 단어들의 이러한 결합관계가 희랍어로는 '쉬쥐기아(συζυγία)'라고 불리는데, 이에 의한 논변은 다음과 같네. "만약 토지가 공동방목을 위한(compascuus) 것이라면, 공동방목하는 것(compascere)은 권리다.[20・21]

13 유에 의하여 다음과 같이 논변이 이끌어지네. "모든 은이 부인에게 유증되었기 때문에, 집에 남겨진 은화가 유증되지 않았을 수 없다. 왜냐하면 종이 자기 이름을 보유하는 한, 종은 결코 유로부터 분리될 수 없기 때문이다. 그런데 은화는 은이라는 이름을 보유한다. 따라서 은화는 유증된 것으로 인정된다."

14 유에 속하는 종에 의한 논변은, 더 쉽게 이해하기 위해서 때로 그것을 '부분'이라고 불러도 되는데,[22] 다음과 같이 이루어진다네. "파비아에게 그녀의 남편이 '남편에 대해 가모(家母)의 지위에 있는 한'이라는 제한하에 금전을 유증하였고, 그녀가 남편의 수권(手權)[23]에 귀입(歸入)하지 않은 경우, 유증채무는 존재하지 않는다.[24] 왜냐하면 유는 아내이고 이에는 두 개의 종이 있는바, 하나는 수권에 귀입한 가모이고 다른 하나는 단지 아내로만 인정되는 여자이기 때문이다. 파비아는 후자에 속하기 때문

에, 그녀에게는 유증되지 않은 것으로 판단된다.[25]"

15 유사에 의한 논변은 다음의 방식으로 이루어지네. "만약 건물에 대한 용익역권이 유증되었는데[26] 그 건물이 붕괴하거나 하자를 갖게 되는 경우, 상속인은 건물을 원상회복하거나 하자를 보수할 의무가 없다. 이것은 노예에 대한 용익역권이 유증되었는데 그 노예가 죽은 경우, 노예를 원상회복할 의무가 없는 것과 다를 바 없다."

16 차이에 의한 논변은 다음과 같이 이루어지네. "부인에게 남편이 자기 소유의 모든 은화를 유증했다고 해서, 채권 상태로 있는 것까지 유증된 것은 아니다. 왜냐하면 은화가 금고 속에 있는지 회계장부상에 받을 것으로 있는지 간에는 큰 차이가 있기 때문이다."

17 대립하는 것으로부터 논변은 다음과 같이 이루어지네. "남편이 자기 재산에 대한 용익역권[27]을 유증하면서 와인과 올리브 기름이 가득 찬 지하저장고를 남겼다면, 부인은 그것이 자신에게 속한다고 생각해서는 안 된다. 왜냐하면 소비할 권리가 아니라 사용할 권리가 유증되었기 때문이다. [그 둘은 서로 대립한다.]"

IV 18 당연결부되는 것에 의해서는 다음과 같이 논변이 이루어지네. "두격(頭格)이 감등된 적이 없는[28] 부녀가 유언을 한 경우, 법무관의 고시에 의하여 유언장에 따라 유산점유[29]가 부여되는 것으로 판단되지 않는다. 왜냐하면 이를 인정하면 고시[30]에 의하여 노예에게, 추방된 자에게, 아동에게 유언장에 따라 유산 점유가 부여되는 것으로 판단된다는 결론이 당연결부되기 때문이다."

19 선행하는 것(전건), 후행하는 것(후건), 모순되는 것에 의해서는 다음과 같이 논변이 이루어지네. 선행하는 것[31]에 의해서란 다음과 같은 거지. "남편의 귀책사유로 이혼한 경우, 부인이 이혼장을 보냈다고 하더라도 자식들을 위해서 아무것도 남아서는 안 된다."[32]

20 후행하는 것에 의해서는 다음과 같이 논변이 이루어지네.[33] "통혼권이 없는 자와 결혼한 여자가 이혼장을 보낸 경우, 태어난 자식들은 아버지를 승계하지 않기 때문에 자식들을 위해서 아무것도 남아서는 안 된다."[34]

21 모순되는 것에 의해서는 다음과 같네. "가부장이 여자노예들에 대한 용익역권을 아들에게 부담을 과하면서 아내에게 유증하고 제2 상속인에게는 그 부담을 과하지 않은 경우, 아들이 사망한 경우에도[35] 그 부인은 용익권을 상실하지 않는다. 왜냐하면 일단 유언에 의해 누군가에게 공여된 바가 있으면, 수유자로부터 그의 의사에 반하여 그것을 빼앗을 수는 없기 때문이다.[36] 왜냐하면 '정당하게 받는다는 것'과 '의사에 반하여 반환하는 것'은 서로 모순되기 때문이다."

22 원인되는 것에 의한 논변은 다음과 같네. "모든 이는 이웃

과의 공동 벽에 속이 찬 또는 아치 모양이 뚫린 벽을 직각으로 연결할 권리가 있다. 그런데 공동 벽을 철거하면서 미발생손해의 담보를 약속한[37] 자는 아치 모양이 뚫린 벽 때문에 발생한 손해에 대해서는 책임질 의무가 없다. 왜냐하면 공동 벽을 철거한 사람의 잘못으로가 아니라, 지탱할 수 없게 건축된 공작물의 하자로 손해가 발생하였기 때문이다."[38]

23 결과되는 것에 의해서는 다음과 같이 논변이 이루어지네. "부인이 남편의 수권에 귀입한 경우, 부인에게 속했던 모든 것은 혼인지참재산의 명목으로 남편의 것이 된다."

비교로부터 아래의 모든 논변이 타당하네. "더 큰 것에 타당한 것은 더 작은 것에 타당해야 한다.[39] 예컨대 한 도시에서 토지의 경계가 획정되지 않았다면, 그 도시에 빗물도 저지되지 않는다.[40] 반대의 경우도 같다. 더 작은 것에 타당한 것은 더 큰 것에 타당해야 한다. 즉 위의 예를 뒤집어도 된다. 다음으로 동등한 하나에 타당한 것은 동등한 다른 것에도 타당해야 한다. 예컨대 점용취득을 위한 점용(usus)기간과 매도인이 매수인에게 권리를 취득시킬 담보책임(auctoritas)[41] 기간은 토지의 경우 2년이기 때문에, 건물의 경우에도 2년이어야 한다. 그러나 법률[42]에는 건물이 별도로 언급되지 않아 점용취득을 위한 점용기간이 1년인 '나머지 모든 물건'에 속한다. 동등한 사안들에서는 같은 법을 요구하는 형평이 관철되어야 한다."

24 외부에서 취해지는 논거들은 대체로 권위로부터 이끌어지네. 그리하여 희랍인들은 그러한 논변을 '아테크노스(ἄτεχνος, 몰기술적인)'이라고 부르는데 바로 기술과 무관하다는 뜻이지. 예컨대 자네가 다음과 같이 해답[43]하는 경우이지. "푸블리우스 스카이볼라가 건물의 경계란 공동의 벽을 덮기 위해 지붕이 돌출된 곳까지라는 — 지붕의 그 부분에 돌출부를 만든[44] 사람의 건물 쪽으로 물이 흘러내리도록 조치를 취한 한[45] — 견해였기 때문에, 나도 그것이 법이라고 생각한다."

25 이제 해설된 이러한 논소들로써 — 이를테면 이것들은 일정한 요소 같은 것인데 — 모든 논거를 발견하기 위한 지시와 명시가 주어진 것이네. 그럼 여기까지 말한 것으로 충분할까? 아주 예리할 뿐 아니라 바쁘기도 한 자네에게는 그러리라 생각하네. **V** 하지만 이왕 내가 게걸스러운 사람을 이 배움의 연회에 손님으로 받았기에, 자네가 여기서 배를 채우지 못한 채 떠나도록 놔두느니, 차라리 잔반이 좀 남는 걸 감수하겠네.

26 따라서 내가 해설한 논소들 각각이 일정한 자기 지체들을 갖고 있으니, 이 지체들을 가능한 한 정밀하게 탐색하려 하네만, 먼저 정의 자체부터 말해 보겠네. 정의란 정의되는 것이 무엇인지 설명하는 언사이지. 그런데 정의에는 주된 종류가 두 개 있네. 즉 하나는 있는 것들에 관한 것이고, 다른 하나는 생각되는 것에 관한 것이지.

27 토지와 건물, 벽과 빗물받이, 노예와 가축, 가재도구와 식량, 기타 보고 만질 수 있는 것들을 나는 있다고 하네. 이 종류에 속하는 어떤 것들은 때로 법률전문가인 자네들이 정의해야하지. 반면 나는 만져지거나 보여질 수는 없지만, 정신으로 보고 이해할 수 있는 것을 있지 않다고 하네. 자네가 점용취득[46], 후견, 씨족, 종족(宗族) 등을 정의하는 경우일 걸세. 이러한 것들에 실체가 있지는 않으나 현저한 표상과 각인된 이해는 있으니, 나는 이것을 개념이라 부르지. 그것은 논변하는 데 있어서 빈번히 정의로써 설명해야 하네.

28 그런데 정의 중 일부는 열거에 의한 것이고, 일부는 구분에 의한 것이네.[47] 제시된 사항이 마치 지체가 갈라지듯 할 때가 열거에 의한 정의이지. 즉 어떤 이가 시민법은 법률[48], 원로원 의결, 판결로 정해진 사항[49], 법률전문가의 권위[50], 정무관의 고시, 관습법[51], 형평으로 구성되어 있는 것이라고 하는 경우라네. 반면 구분에 의한 정의는, 정의되는 유 아래 있는 모든 종을 포괄하는데 다음과 같네. "양도란 시민법상 자격 있는 사람들 사이에서 악취물[52]을 대상으로 하는, ① 구속행위에 의한 타인에로의 인도 또는 ② 법정양도이다."[53] **VI** 다른 종류의 정의들도 있지만, 그것들은 이 책의 기획과는 관련이 없으니, 정의의 양식이 무엇인지만 말하면 될 걸세.

29 옛사람들은 다음과 같이 가르치네. 정의하려는 대상이 다

른 것들과 공통으로 갖는 것들을 네가 취했다면, 다른 것으로 이전될 수 없는 고유한 것이 만들어질 때까지 나아가라고 말이지. 이런 것이지. '상속재산은 재산이다.' 여기까지는 다른 것과 공통된 게 있지. 재산의 종류는 많기 때문이네. 다음을 추가하게. '어떤 이의 사망에 의하여 다른 이에게 귀속하는 재산'이라고. 아직도 정의는 안 되었네. 상속재산이 아니고 죽은 자의 재산을 차지할 방법은 많이 있기 때문이지. 한 단어를 추가하게. '적법하게'를 말이지. 그래서 정의가 아래와 같이 되면, 이제 그 대상은 공통성으로부터 벗어난 것으로 보이겠지. '상속재산은 어떤 이의 사망에 의하여 다른 어떤 이에게 적법하게 귀속하는 재산이다.' 그런데 아직도 충분치 않네. 추가하게. '유언에 의하여 유증도 점유에 의하여 억류[54]도 되어 있지 않을 것.' 완성되었네. 또한 '씨족원들이란 같은 씨족명을 가진 자들이다.' 충분치 않네. '생래자유인 조상에게서 난 자들.' 아직 전혀 충분치 않네. '조상 중 아무도 노예 처지였던 자가 없는 자들.' 여전히 부족하네. '두 격감등을 겪지 않은 자들.' 이 정도면 아마 충분할 듯하네. 제관(祭官) 스카이볼라가 이 정의에 아무것도 추가하지 않은 것을 내가 알기 때문이지. 그리고 이 방식은 두 가지 종류의 정의, 즉 있는 것에 관한 정의이든 생각되는 것에 관한 정의이든 타당하네.

30 나는 열거와 구분이라는 종류가 어떤 것인지 앞에서 밝혔네. 그런데 그것들이 어떤 점에서 서로 차이 나는지 좀 더 분명

하게 말해야 하겠네. 열거에는 말하자면 지체들이 있지. 예컨대 몸이라면 머리, 어깨, 손, 옆구리, 다리, 발 등이 있듯이 말이네.

VII 구분에는 희랍인들이 '에이도스(εἶδος)'라고 부르는 형상(종)들이 있는데, 우리 로마인은, 드물긴 하지만 누군가가 이것을 다루는 경우, '스페키에스(species)'라고 부르네. 아주 나쁘지는 않지만, 말할 때 격변화를 시키는 데엔 불편하다네. 라틴어로 말하는 게 결코 불가능하진 않을지라도 나는 정말이지 '스페키에룸(specierum)'이나 '스페키에부스(speciebus)'는 말하고 싶지 않거든. 물론 그 격들을 종종 사용해야 하겠지. 하지만 나는 그 대신 '포르미스(formis)'와 '포르마룸(formarum)'을 쓰고 싶네. 두 용어가 같은 의미라고 할 때, 말할 때의 편함을 무시하면 안 될 테니 말이네.

31 사람들은 유와 종을 다음과 같이 정의하지. 유는 여러 차이와 관련된 개념이네. 종이란 그러한 차이가 유라는 머리에, 말하자면 원천에 조회될 수 있는 개념이지. 나는 희랍인들이 '엔노이아(ἔννοια)'라고도, '프롤렙시스(πρόληψις)'라고도 부르는 것을 개념이라 부르려 하네. 개념은 자연적으로 박혀 있고 정신에 확고히 잡혀 있는 각 사물에 대한 인식인데 분절될 것이 필요하지. 종이란 유가 빠짐없이 구분되는 것이네. 예컨대 어떤 이가 법을 법률, 관습법, 형평법으로 분류하는 경우가 그런 것이지. 종을 부분과 같다고 생각하는 자는 기술을 혼란에 빠뜨리며 일정한

유사성에 혼동되어 분간되어야 할 것들을 충분히 예리하게 구별하지 못하는 것일세.

32 더 나아가 연설가도 시인들도 자주 유사성을 가지고 단어의 은유를 통하여 정의하지. 어느 정도 우아함을 갖춰서 말이지. 그러나 나는 꼭 필요한 경우가 아니라면 자네 영역의 실례들을 벗어나지 않으려네. 그런데 내 동료[55]이자 친구인 아퀼리우스는, 해안이 분쟁의 대상이 되었을 때 — 자네 쪽 사람들은 해안이 전부 공공의 것이라고 주장하지만[56] — 관련자들이 해안이 무엇인지 질의하자 매번 '조류가 노니는 데까지'라고 정의했었네.[57] 이것은 어떤 이가 청년기를 일생 중 꽃으로, 노년기를 인생의 황혼이라고 정의하려는 것과 같지. 은유를 사용함으로써 그는 대상에 고유한 그것만의 단어들로부터 벗어났던 것이네. **VIII** 정의에 관해서는 여기까지 하고, 나머지를 살펴보세.

33 열거는 때로 어떤 부분도 남지 않도록 사용해야 하네. 예컨대 후견을 열거하려는 데 일부를 간과한다면 모르는 데 잘못이 있는 것이겠지. 그러나 자네가 문답계약 방식서 또는 소송 방식서를 열거하는 경우라면, 무한한 대상이니 무언가를 간과하더라도 오류가 되지는 않을 것이네. 그러나 구분에서는 이 같은 것이 오류이네. 왜냐하면 각각의 유 아래에 있는 종들의 수는 확정되어 있기 때문이지. 그러나 부분들의 배열(열거)은, 마치 한 수원(水源)에서 물길이 분산되듯이, 거의 무한하게 되기 십상이라네.

34 그리하여 연설술에서 문제의 유가 제시되면 그것의 종들이 얼마나 많은지는 절대적으로 따라오는 것이지. 그러나 단어들과 문장들의 — '스케마(σχῆμα)'라고 불리는 — 장식에 관해 다루어지는 경우에는 그렇지 않네. 그 대상이 거의 무한이기 때문이네. 이로부터도 내가 열거와 구분 사이에 어떤 차이를 두고 싶어 하는지 알 수 있을 것이네. 그 두 용어가 사람들에게 거의 같은 의미로 보였음에도 불구하고, 대상들이 서로 다르기 때문에 그들은 대상들의 이름도 서로 구별되기를 원했던 것이네.

35 많은 것들은 어의분석에서도 취해진다네. 단어의 뜻으로부터 논변이 유도되는 경우가 그것이지. 이것을 희랍인들은 '에튀몰로기아(ἐτυμολογία)'라고 부르는데, 말 그대로 옮기면 '베릴로퀴움(veriloquium, 참을 말함)'이 되겠지. 그러나 충분히 적확하지 않은 단어의 생소함을 피하여 이 종류를 나는 '어의분석'이라 부르겠네. 왜냐하면 단어란 사물의 징표이기 때문이지. 그리하여 아리스토텔레스도 라틴어의 징표에 해당하는 것을 '쉼볼론(σύμβολον)'이라고 부르지. 그러나 의미가 무엇인지 이해하고 있다면, 이름에 대해서 그렇게 많은 노고를 들일 필요는 없을 걸세.

36 그러므로 어의분석에 의한 토론에서는 많은 것들이 단어로부터 유도되지. 예컨대 귀국복귀권(postliminium)[58]이 무엇인지 문제될 경우 — 나는 어떤 것들이 귀국복귀권에 속하는지를 말하지 않네. 왜냐하면 그것은 다음과 같이 열거에 해당하기 때문

이지. "귀국복귀권에 의해 돌아오는 것은 사람, 배, 길마 얹은 노새, 숫말, 재갈에 길들여진 암말이다." 그러나 귀국복귀권 자체의 의미가 문제되고 단어 자체의 어의가 분석되는 경우, 이 경우에 우리 세르비우스는 '포스트리미니움(postliminium)'에서, 내 생각에 '포스트(post)' 말고는 어의를 분석할 필요가 없다고 생각하여, '피니티무스(finitimus)', '레기티무스(legitimus)', '아이디티무스(aeditimus)'의 '~티무스(~timus)'나 '메디툴리움(meditullium)'의 '~툴리움(~tullium)'[59]이 별다른 의미가 없듯이 '~리미니움(liminium)'도 단어의 어미에 불과하다고 주장한다네.

37 하지만 푸블리우스의 아들 스카이볼라(퀸투스 무키우스 스카이볼라)는 그 단어가 합성되었다고 생각하네. 즉 'postliminium' 안에는 'post(넘어)'와 'limen(문지방)'이 있다고 말이지. 즉 우리로부터 벗어난 것들이 적에게 들어가면서 말하자면 자기의 문지방에서 밖으로 나갔는데, 나중에 거기로부터 같은 문지방으로 되돌아오는 경우 귀국복귀권에 의해 되돌아온 것으로 여겨지는 것이네. 이 종류에 의하여 망키누스 송사에서도 그가 귀국복귀권으로 되돌아왔다고 항변할 수 있을 것이네. 즉 망키누스가 수령되지 않았기 때문에[60] 항복되지 않았다고 말이지. 왜냐하면 수령 없이는 항복도 양여도 생각할 수 없으니까.

IX 38 다음으로 다투어지는 불명확한 주제에 일정한 방식으로 관련된 것들로 이루어지는 논소가 따르네. 나는 방금 이것이 여러 부분으로 나뉜다고 말했었지. 그 첫 번째 논소가 희랍인들이 '쉬쥐기아'라고 부르는 파생결합관계인데, 내가 방금 기술한 어의분석과 인접해 있네. 예컨대 우리가 빗물(aqua pluvia)을 비가 와서 저장된 물로 보는 경우로만 한정하여 이해한다면, 아마 무키우스(퀸투스 무키우스 스카이볼라)가 와서 다음과 같이 말할 것 같네. 비(pluvia)와 비가 내리다(pluere)는 서로 파생결합관계에 있는 단어들이기 때문에, 비가 내려 불어난 물 전부를 저지해야 한다고.

39 그러나 유로부터 논변이 이끌어지는 경우, 그것을 맨 꼭대기에서 끌어와야 할 필요는 없을 것이네. 취해지는 것이 그것이 취해져 적용되는 것보다 위에 있기만 하다면, 종종 꼭대기보다 낮은 쪽도 허용되기 때문이지. 예컨대 빗물이란 최상위 유로서는, 말하자면, 하늘에서 내려와 강우에 의하여 불어나는 빗물이네. 그러나 더 아래의 유로서는 — 여기에 말하자면 저지권이 들어 있는데 — 해로운 빗물이네. 이 유에는 '위치의 하자' 종과 '인간의 손' 종이 있지. 후자는 재정인(裁定人)에 의해 금압되도록 명령되지만 전자는 그렇게 명령되지 않는다네.

40 유로부터 취해지는 이 논변은 전체로부터 부분들을 추적하는 경우 적절히 다루어지는데 다음과 같네. "만약 어떤 것이 행해지는데 이와 다른 것이 가장(假裝)되는 경우가 악의라면, 이것이 어떤 방식들로 행해지는지 열거할 수 있다. 그다음 악의로 행해

졌다고 주장되는 것을 우리는 그 방식들 중 하나에 포함시킬 수 있다." 이 종류의 논변은 특히나 확실한 것으로 통상 인정된다네.

X 41 유사가 뒤따르네. 이것은 광범하게 적용되지만 자네들[61]보다는 연설가들과 철학자들에게 더 적용될 바이네. 모든 논소는 각종 토론에서 논거를 마련하기 위한 것이지만, 어떤 토론에서는 더 풍부하게, 다른 토론에서는 더 제한적으로 존재하기 때문이지. 그리하여 논소의 일반적 종류들을 알도록 하게나. 자네가 어디에 그것들을 적용할지는 문제들 자체가 자네에게 알려줄 걸세.

42 여러 대조로써 원하는 곳에 도달하는 유사 논소들이 있는데 다음과 같네. "만약 후견인이 신의에 맞게 이행해야 한다면, 그리고 조합원[62], 수임인[63], 수탁자[64]도 그래야 한다면, 대무인(代務人, 재산관리인)[65]도 그래야 한다." 여럿으로써 원하는 곳에 도달하는 이것을 귀납이라고 부르네. 이것이 희랍어로는 에파고게(ἐπαγωγή)라 불리는데, 소크라테스가 대화에서 아주 많이 사용했었지.[66]

43 또 다른 종류의 유사가 대조에 의하여 취해지네. 어떤 하나의 것이 다른 하나의 것에, 동등한 것이 동등한 것에 비교되는데, 다음과 같지. "도시에서 경계에 관하여 분쟁이 있는 경우에, 경계는 농지의 것이지 도시의 것은 아닌 것으로 여겨지기 때문에, 경계획정을 위하여 재정인을 쓸 수 없는 것처럼, 빗물이 도

시에서 해를 끼친다 하더라도, 사안은 전부 농지와 관련된 것이기 때문에, 빗물 저지를 위하여 재정인을 쓸 수 없다."

44 동일한 유사 논소에 기하여 실례들도 취해지네. 예컨대 크라수스가 쿠리우스 송사에서 다수의 실례들을 사용하였지. 그는 '아들이 10개월 내에 태어나고서 후견을 벗어나기 전에 죽는다면, 네가 상속하라'는 취지로 유언에 의하여 상속인으로 지정된 자들을 예시했네. 이러한 실례들의 원용은 효과가 컸는데, 자네들은 해답할 때 통상 그런 언급을 많이 이용하지.

45 가정된 실례는 유사의 효력이 있지. 하지만 그것들은 연설가의 것이지, 자네들의 것이라기보단 말이네. 비록 자네들도 통상 다음과 같이 사용하기는 하지. "어떤 이가 양도될 수 없는 것을 양도하였다고 가정해 보라. 그러면 그것이 과연 수령자의 것이 되었는가? 양도한 자가 그 때문에 과연 의무를 실제로 부담했는가?" 이 종류에서 연설가들이나 철학자들에게는 다음이 허용되어 있네. 즉 말 못하는 것이 말하는 것, 죽은 이를 하계에서 부활시키는 것, 결코 불가능한 어떤 것이 주제를 부풀리거나 축소하기 위하여 — 이런 것을 '휘페르볼레(ὑπερβολή, 과장)'라고 하지 — 언급되는 것, 그 밖에 기이한 많은 것들 말이네. 그러나 그들의 영역은 더 넓지. 그렇지만, 앞에서[67] 내가 말했듯, 가장 중대한 문제들에서나 가장 사소한 문제들에서나 동일한 이 유사 논소로부터 논변들이 이끌어지네.

XI 46 위의 것과는 완전히 대립하는, 사태의 차이가 유사에 뒤따르네. 하지만 다른 것을 발견하는 것과 같은 것을 발견하는 것은 동일한 것이네. 이 종류에는 다음과 같은 것이 있지. "여성에게 부담하는 채무를 그녀 후견인의 조성(助成)[68] 없이 여성 본인에게 직접 적법하게 변제할 수 있다 해도, 미성숙 남녀에게 부담하는 채무까지 마찬가지로 적법하게 변제할 수 있는 것은 아니다."

47 다음으로 '대립하는 것'이라는 논소가 있네. 그런데 대립하는 것들의 종류는 많네. 그중 하나는 같은 종류에 속하면서 가장 다른 것이지. 예컨대 지혜와 어리석음 말이네. 그런데 같은 종류라고 불리는 것들이란 무언가 제시되면 정반대의 대립하는 것들이 곧바로 튀어나오는 것들이지. 빠름에 느림이 그러하듯, 약함이 아니라. 이러한 대립하는 것들로부터 다음의 논거들이 나오네. "우리가 어리석음을 회피한다면, 지혜를 추구하자. 또 악을 회피한다면, 선을 추구하자." 같은 종류로 대립하는 이것들은 '반대되는 것'이라 불리네.

48 대립하는 다른 것들도 있네. 라틴어로는 우리가 '결여된 것들'이라고 부를 수 있는 그것들을 희랍인들은 '스테레티카(στερητικά)'라고 부르지. 즉 '비(非)'가 앞에 붙으면 단어는 '비(非)'가 앞에 붙지 않았더라면 가졌을 힘을 결여하네. 존엄과 비존엄, 인간성과 비인간성, 기타 동일한 종류의 것들이 그러하지.

그것들의 취급은 내가 위에서 반대되는 것들이라고 부른 것의 취급과 같네.

49 대립하는 것들의 또 다른 종류도 있지. 예컨대 다른 것과 대조되는 것들, 즉 복과 단, 다와 소, 장과 단, 대와 소가 그러하네. 또한 '부정하는 것들'이라고 불리는 완전히 대립하는 것들도 있지. 희랍어로 아포파티카(ἀποφατικὰ)인데, '긍정하는 것들'에 대립하는 것들이라네. "이것이라면, 저것은 아니다." 어찌 실례가 필요하겠는가? 논거를 구할 때 모든 것들에 대립하는 것이 존재하는 것은 아니라는 점만큼은 이해하도록 하게.

50 나는 조금 전에 '당연결부되는 것'의 실례를 들었지. 만일 유언 작성 능력이 없는 자가 작성한 유언장에 따라 고시에 의하여 유산점유가 부여되어야 한다고 우리가 정하는 경우, 받아들이지 않을 수 없는 많은 것들이 당연결부된다고 말이지. 그런데 이 논소는 재판에 일상적인 사실추정 사안에 더 효력이 있네. 무엇이 있는지, 무엇이 있었는지, 무엇이 있을 것인지, 무엇이 도대체 가능할지 등이 문제될 때 말이네.

XII 51 이 논소의 형태는 딱 이 정도이네. 다만 이 논소는 무엇이 사건 전에, 무엇이 사건과 함께, 무엇이 사건 후에 발생했는지가 문제된다는 것을 상기시켜 주지. "이것은 법과는 무관하고 키케로와 관련되오." 우리 갈루스는 줄곧 이렇게 대답하였지. 누군가가 사실에 관하여 문제되는 무언가를 그에게 조회했을 때

말이네. 그렇지만 쓰기로 마음먹은 이 기술의 논소 하나라도 내가 그냥 넘어가지 않는 걸 참아주게. 자네랑 관련된 것 말고는 아무것도 서술되면 안 된다고 자네가 생각함으로써, 자네가 자네 자신을 과도하게 사랑하는 것으로 보이지 않도록 말이지. 그러므로 논소 대부분이 연설술과 관련된 것이네. 법률가들의 것이 아닐 뿐만 아니라 철학자들 것도 결코 아니지.

52 '사건 전에'서는 다음과 같은 것들이 문제되네. 즉 예비, 대화, 장소, 약속된 연회 등 말이지. '사건과 동시에'서는 발소리, [외치는 소리,] 사람 그림자, 기타 유사한 것이 그러하네. 반면 '사건 후에'서는 창백함, 홍조, 말더듬, 기타 흥분과 가책의 징표들이 그러하네. 그 밖에 꺼진 불, 피가 듣는 검, 기타 범행의 혐의를 불러일으킬 수 있는 것들이 그러하네.

53 다음으로, 변증술가들에게 고유한 논소로서 '후행하는 것', '선행하는 것', '모순되는 것'이 있네. 조금 전에 말한[50~52절] 결부된 것들은 언제나 일어나는 게 아닌 반면, 후행하는 것들은 언제나 일어나지. 후행하는 것이란 사건에 필연적으로 뒤따르는 것을 의미하기 때문이네. 선행하는 것과 모순되는 것도 마찬가지이지. 각 사항에 따르는 것이 무엇이든 그 사항과 필연적으로 결합해 있기 때문이고, 모순되는 것들은 무엇이든 결코 결합해 있을 수 없는 방식이기 때문이라네. **XIII** 그리하여 이 논소가 후행하는 것, 선행하는 것, 모순되는 것 세 부분으로 나뉜다고

할 때, 논거 발견의 논소로는 하나이지만, 논거 취급의 논소로는 3중이네. 즉, 은 전부가 유증된 여자는 금전을 받을 권리가 있다고 상정할 때 다음의 셋은 무엇이 다를까? "금전이 은이라면, 여자에게 유증되었다. 그런데 금전이 은이다. 따라서 그녀에게 유증된 것이다"[69]라고 추론할 때, "금전이 유증되지 않았다면, 금전은 은이 아니다. 그런데 금전은 은이다. 따라서 유증되었다"[70]라고 추론할 때, "은이 유증되고 동시에 금전이 유증되지 않은 것은 참이 아니다. 그런데 은이 유증되었다. 따라서 금전은 유증되었다"[71]라고 추론할 때 말일세.

54 반면 변증술가들은 첫째 것(전건)을 받아들일 경우 결합된 것(후건)이 후행하는 추론을 추론의 제1형식이라고 부르네. 결합된 것을 부정하여 결합을 당한 앞의 것도 부정되어야 하는 경우, 추론의 제2형식이라 불리네. 반면 연결을 부정하고 그것들로부터 하나 또는 여럿을 취하여 남는 것을 제거해야 하는 경우, 추론의 제3형식이라 불리네.

55 이것으로부터 수사학자들의 저 '대립하는 것' 논증들이 나오는 것이지. 그들 자신은 '엔튀메마(ἐνθύμημα)'[72]라고 부르는 것 말일세. 모든 명제가 고유한 명칭으로 엔튀메마라 불리지 않는 건 아니지만, 호메로스가 탁월함에 의하여 희랍인들 사이에서 자기 이름을 시인의 보통 명사로 만들었듯이 모든 명제가 엔튀메마라 불려도 대립하는 것들로부터 만들어지는 것들만이 최고로

예리하게 여겨지기 때문에 고유하게 이 보통 명사를 자기 것으로 차지한다네. 이 종류로는 다음과 같은 것들이 있지.

"이것을 공포스러워한다면 다른 것은 공포의 대상으로 놓지 않을 것! — 네가 고발하지 않은 여자를 네가 유죄 선고하는가, 공이 있다고 네가 주장한 그녀에게 공이 없는가? — 네가 아는 것이 이익이 되지 않는다. 모르는 것이 장애가 되겠는가?"

XIV 56 이러한 종류의 논의가 법률자문에 해답할 때 자네들의 토론에도 밀접하게 관련되네. 하지만 철학자들의 논의에 더 관련되겠지. 그들에게는 '모순되는 명제들로부터' 논변이 연설가들과 공통되는데 그것을 변증술가들은 제3형식, 수사학자들은 엔튀메마라 부르지. 변증술가들의 나머지 형식들은 여럿이네. 선언명제로 이루어지는 것들 말일세. 즉 이것 아니면 저것인데 이것이니까 저것은 아니라거나, 또 이것 아니면 저것인데 이것이 아니니까 저것이라는 것이지. 이 추론들은 타당한데, 선언명제에서 둘 이상이 참일 수는 없기 때문이지.

57 그리고 내가 위에서 기술한 추론들 중 전자는 변증술가들이 제4형식이라고, 후자는 제5형식이라고 부르네. 그다음에 그들은 연언명제에 부정을 붙이네. 다음과 같지. "이것임과 동시에 저것인 것은 아니다. 그런데 이것이다. 그러므로 저것이 아니다." 이 양식이 제6형식이네. 제7형식은 다음과 같지. "이것임과 동시에 저것인 것은 아니다. 그런데 이것이 아니다. 그러므로 저

것이다." 이 형식들로부터 무수한 추론들이 생겨나지. 거기에 변증술의 거의 전부가 있네. 그러나 내가 해설한 이것들이 결코 우리 기획에 필수적인 것은 아니네.

58 다음 논소는 '야기하는 것'의 논소이네. 원인이라 불리지. 그다음은 야기하는 원인에 의하여 야기되는 것의 논소이네. 이것들의 사례는, 여타 논소들의 사례처럼, 조금 전에 내가 물론 시민법으로부터 제시했지. 하지만 이것들은 더 넓게 적용되네.

XV 원인의 종류는 둘이지. 하나는 자신의 힘으로 무언가가 그 힘 아래 복속하는 것을 확실히 야기하는 것이네. 예컨대 불이 발화하는 경우이지. 다른 하나는 야기하는 본성은 없지만 그것 없이는 야기가 불가능한 것이네. 예컨대 어떤 이가 청동을, 그것 없이는 입상이 만들어지지 않기 때문에, 그것의 원인이라고 부르려는 경우가 그러하지.

59 그것 없이는 야기되지 않는 이 종류의 원인들 중 어떤 것들은 정적이고 아무것도 몰아대지 않네. 말하자면 무기력한 것인데, 예컨대 장소, 시간, 재료, 도구, 기타 동일한 종류의 것들이네. 반면 또 다른 것들은 야기하기 위한 어떤 예비단계를 이루고 설령 필연적인 것은 못 되어도 그 자체로 도움이 되는 것들을 제공하네. 예컨대 "만남은 애정에, 애정은 외설에 원인을 제공하였다" 같은 것이지. 영겁부터 의존하는 이 종류의 원인들로부터 스토아 철학자들은 운명을 직조해 내었네.

그리고 그것 없이는 야기가 불가능한 원인들의 종류를 내가 구분했듯이, 야기하는 원인들의 종류도 구분될 수 있네. 아무런 원조자 없이 명확히 야기할 원인들도 있고, 도움 받기를 바라는 원인들도 있지. 예컨대 "지혜는 오로지 그 자체로 현자들을 만든다. 그것이 오로지 그 자체로 행복한 이들을 만드는지 아닌지는 의문이다." 같은 것이네.

60 그런 이유로, 어떤 것을 필연적으로 야기하는 원인이 토론에서 문제될 때, 야기되는 것이 그 원인에 의하여 야기된다고 추론하는 것은 의심의 여지없이 허용될 것이네. **XVI** 반면 원인이 그 안에 야기의 필연성을 갖지 않는 것이라면 필연적인 추론이 이루어지지 않네. 그리고 필연적 야기력을 갖는 종류, 즉 전자의 원인들이 오류를 거의 제공하지 않는 법이지.[73] 반면 없으면 야기되지 않는 후자는 빈번히 혼란을 초래하지. 만일 부모 없이 자식이 있을 수 없는 경우, 그렇다고 부모 안에 필연적인 생산 원인이 있었던 것은 아니기 때문이지. **61** 그리하여 자신 없이는 일어나지 않는 이것은, 그 안에서 확실히 일어나는 것과 세심히 분리하여야 하네. 즉 전자는 마치 다음과 같네.

'펠리온 숲에서 안 그랬다면 얼마나 좋았을까…….' 왜냐하면 '전나무 기둥이 땅으로 쓰러지지' 않았더라면, 그 아르고호는 건조되지 않았을 터이기 때문이지. 그렇지만 이 들보 안에 필연적 야기력은 없었네. 반면 '날름거리는 불벼락이 아이아스의 배에'

떨어졌을 때, 그 배는 필연적으로 불에 탄다네.[74]

62 원인들 사이의 상이함이 존재하는데, 어떤 원인들은 욕망 없이, 의지 없이, 의견 없이 자신의 말하자면 일종의 작품을 만들어내는 데 반하여 — 예컨대 '생겨난 모든 것은 사멸한다'와 같은 것이지 —, 다른 원인들은 의지로써 또는 격정으로써 또는 성격으로써 또는 성질로써 또는 기술로써 또는 우연으로써 야기하네. 의지로써란 이 책을 읽는 경우의 자네와 같은 것이네. 격정으로써란 어떤 이가 이 시대의 결말을 두려워하는 경우 같은 것이네. 성격으로써란 어떤 이가 쉽게 빨리 분노하는 것과 같은 것이네. 성질로써란 악함이 나날이 커가는 것과 같은 것이네. 기술로써란 예컨대 그림을 잘 그리는 것과 같은 것이며, 우연으로써란 순풍에 항해하는 것과 같은 것이네. 이것들 중 원인 없는 것은 없으며 어떤 것도 결코 그럴 수 없네. 물론 이러한 원인들이 필연적인 것은 아니네.

63 그런데 모든 원인들 중 어떤 것들에는 항상성이 있고, 다른 어떤 것들에는 없네. 본성과 기술에는 항상성이 있고, 나머지 것들에는 없지. **XVII** 항상적이지 않은 원인들 중 어떤 것들은 현재적이고 다른 것들은 잠재적이네. 현재적인 것들은 욕망과 판단에 닿아 있는 것이지. 반면 잠재적인 것들은 운에 복속되어 있네. 즉 아무것도 원인 없이 일어나지 않기 때문에, 운이 바로 이것인데, 즉 어떤 사건이 불명확한 원인에 의하여 잠재적으로 야

기되는 것이네. 또한 일어나는 것들 중 일부는 부지중의 것이고 일부는 자발적인 것이네. 부지중의 것이란 필연에 의하여 야기되는 것이며, 자발적이라는 것은 고의에 의하여 야기되는 것이지.

64 즉 투사무기를 던지는 것은 의지에 의한 것이고 원치 않은 누군가를 맞추는 것은 운에 의한 것이지. 그로써 자네들의 소송에 그 "속죄양이 바쳐지"네, "투사무기를 던졌다기보다 손에서 미끄러진 경우"에.[75] 격정은 부지와 무사려에도 빠지네. 물론 그 격정들이 — 견책과 훈계로써 물리쳐질 수 있기 때문에 — 의지적인 것이지만, 압도적인 힘 때문에 의지적인 것들이 때로 필연적인 것 또는 최소한 부지중의 것으로 보일 정도이네.

65 이제 원인들의 논소가 전부 설명되었으니, 그 원인들의 차이로부터 연설가나 철학자의 중요한 사안들에서 엄청난 양의 논거들이 나오지. 자네들 사안들에서는 더 풍부하지는 않으나 아마 더 섬세할 거네. 막대한 재산이 걸린 민사 소송은 실로 법률가들의 현려(賢廬)에 달려 있는 것으로 나에게 보이네. 왜냐하면 그들은 항시 옆에서 대기하고 자문에 쓰이며 그들의 전문 지식을 구하려 도피해 오는 주도면밀한 변호인들에게 창을 무기로 제공하기 때문이지.

66 그러므로 '선량한 신의를 좇아'라는 문구가 부가되는 모든 재판에서, '선량한 자들 사이에서 선량하게 행해져야 하듯이'[76]가 사용되는 재판에서, 특히 '더 형평에 맞고 더 선량하게 그의 것이

될 바[77]의 문구가 들어 있는 아내 재산 관련 재정(裁定)[78]에서 법률가들은 항상 그 절차들에 준비되어 있어야 하네. 그들은 '악의'를, 그들은 '선량한 신의[79]'을, 그들은 '형평과 선량'을, 그들은 조합원이 조합원에게 무엇을, 대무인(재산관리인)[80]이 본인에게 무엇을, 위임인과 수임인이 서로에게 무엇을 급부해야 하는지, 남편이 아내에게 무엇을, 아내가 남편에게 무엇을 급부해야 하는지 알려 주고 있지. 그러므로 논거들이 있는 장소(논소)를 세심하게 알고 나서는, 연설가나 철학자뿐만 아니라 법률가도 자신들의 자문 문제와 관련하여 풍부하게 토론할 수 있을 것이네.

XVIII 67 원인으로부터 야기되는 저 논소가 원인들의 이 논소와 결부되어 있네. 원인이 무엇이 야기되었는지를 표시하듯, 야기된 것은 어떤 원인이 있었는지를 보여주기 때문이네. 이 논소는 통상 연설가와 시인에게, 종종 철학자에게, 적어도 화려하고 풍부하게 말할 수 있는 자들에게 놀라운 언설의 풍부함을 제공하네. 그들이 각 사물에서 무엇이 생길지 표명하는 경우에 말이지. 원인을 아는 것은 결과를 알게 해주기 때문이네.

68 비교의 논소가 남았군. 그것의 종류와 예는 여타 논소들의 종류와 예처럼 위에서 설명되었지. 지금은 내가 그것의 취급을 설명해야하네. 그리하여 더 크거나, 더 작거나, 동등하다고 불리는 것들이 비교되네. 이 경우 다음 것들이 고려되지. 즉 수량, 종류, 힘, 다른 것들에 대한 일정한 관계 등 말이네.

69 수량으로는 다음과 같이 비교될 것이네. 즉 더 많은 좋음들이 더 적은 좋음들보다 중히 여겨지네. 더 적은 나쁨들이 더 많은 나쁨들보다, 지속적인 좋음들이 단기간의 좋음들보다, 멀고 넓게 확산하는 좋음들이 국한된 좋음들보다 그러하네. 더 많은 좋음들이 전파되고 더 많은 사람들이 모방하여 실행할 것이기 때문이네.

반면 종류로는 다음과 같이 비교되네. 즉 자체 때문에 추구해야 하는 것이 다른 것 때문에 추구해야 하는 것보다 중히 여겨질 것이네. 또 태생적이고 박혀 있는 것이 획득되고 외래적인 것보다, 순결한 것이 오염된 것보다, 유쾌한 것이 불쾌한 것보다, 훌륭한 것이 유용한 것보다, 쉬운 것이 고된 것보다, 필요한 것이 불필요한 것보다, 자기 것이 타인의 것보다, 드문 것이 일상적인 것보다, 바람직한 것이 없어도 그만인 것보다, 완성된 것이 미완인 것보다, 전체가 부분보다, 이성을 사용하는 것이 이성을 결한 것보다, 자발적인 것이 필연적인 것보다, 살아있는 것이 생명 없는 것보다, 자연적인 것이 비자연적인 것보다, 기술로 제작된 것이 기술이 투입되지 않은 것보다 그러하네.

70 반면 힘은 비교될 때 다음과 같이 분별되네. 즉 야기하는 원인은 야기하지 않는 원인보다 중요하네. 자신만으로 충족되는 것이 다른 것을 필요로 하는 것보다 낫네. 우리의 권한하에 있는 것들이 타인의 권한 하에 있는 것들보다, 안정적인 것들이 불확

실한 것들보다, 탈취될 수 없는 것들이 탈취될 수 있는 것들보다 그러하네.

반면 다른 것들과의 관계는 다음과 같네. 지도층의 편익이 나머지 사람들의 편익보다 더 중대하지. 또 더 유쾌한 것들, 더 많은 이들에게 인정받은 것들, 최고의 사람에게도 칭찬받은 것들이 그러하네. 그리고 이것들이 비교에서 더 낫듯, 이것들과 대립하는 것은 더 못하네.

71 반면 동등한 것들 간의 비교에선 높고 낮음이 없네. 평등하기 때문이지. 그러나 동등성 자체로 비교되는 많은 것들이 있네. 그것들은 대체로 다음과 같이 추론된다네. "시민들을 의견으로 돕는 것과 행동으로 돕는 것에 같은 칭송을 해야 한다면, 자문에 응하는 자들과 변호하는 자들은 동등한 영광을 누려야 한다. 그런데 전건이 참이다. 따라서 후건도 참이다."

논거 발견을 위한 모든 가르침은 이제 완결되었네. 정의에 의하여, 열거에 의하여, 어의분석에 의하여, 파생결합관계에 의하여, 유에 의하여, 종에 의하여, 유사에 의하여, 차이에 의하여, 대립하는 것에 의하여, 당연결부되는 것에 의하여, 후행하는 것에 의하여, 선행하는 것에 의하여, 모순되는 것에 의하여, 원인에 의하여, 결과에 의하여, 더 큰 것들과 더 작은 것들과 동등한 것들의 비교에 의하여까지 기술한 지금, 더는 논거의 자리를 찾을 필요가 없을 것이네.

XIX 72 그러나 나는 당초[81], 어떤 논소들은 다투어지는 불명확한 주제 자체에 포함되고 — 이것들은 충분히 논했네 — 어떤 논소들은 외부로부터 취해진다고 기술하여 구분했지. 자네의 토론에 연관성은 전혀 없지만 후자에 관해 약간 논하려 하네. 여하튼 기왕 시작하였으니, 전체를 완전하게 만들려 하네. 또한 자네가 시민법 말고는 아무것도 좋아하지 않는 사람은 아니기 때문이지. 이 책이 물론 자네에게 헌정되었으나 다른 사람들의 수중에도 들어갈 것이기 때문에, 나는 가능한 한 고상한 공부를 좋아하는 자들에게 이익이 되도록 노력하려네.

73 '몰기술적인 것'으로 불리는 이 논증은[82] 증거에 의거하네. 그런데 우리는 신빙성을 주기 위하여 외부의 어떤 것으로부터 취하는 모든 것을 증거라고 부르지. 누구라도 증거할 만한 중량감을 갖는 것은 아니네. 우리가 신빙성을 주기 위해서는 권위가 필요하기 때문이지. 그런데 권위를 부여하는 것은 성질 또는 시간이네. 성질이 부여하는 권위는 무엇보다 덕에 의거하네. 반면 시간에는 권위를 부여하는 것들이 많네. 재능, 권세, 연령, [운,] 기술, 경험, 필요, 때론 우연적 사정들의 경합 등이 그러하지. 사람들은 재능 있고 부유하고 평생에 걸쳐 입증된 사람들을 신뢰할 만하다고 생각하기 때문이네. 아마도 맞지 않을 수 있겠지. 그러나 대중의 의견은 거의 바뀌지 않으며, 판단하는 사람들과 평가하는 사람들은 그 의견에 모든 것을 맞추네. 내가 언급한 사

항들에서 뛰어난 사람들은 덕 자체로도 뛰어난 것으로 보이기 때문이네.

74 그러나 내가 방금 열거한 나머지 사항들에서도 — 그것들 안에 덕의 모습은 없을지라도 — 설득하는 데 지식의 힘이 매우 크므로, 일정한 기술 또는 경험이 적용되면 종종 신빙성이 확보되네. 대체로 경험 있는 자들이 쉽게 신뢰받으니 말이지. **XX** 긴박도 또한 신빙성을 만들어내는데, 그 신빙성은 육체에서도, 영혼에서도 생기지. 즉 채찍고문, 기구고문, 불고문 등으로 만신창이가 된 채 진술하는 것도 진실 자체가 진술하는 것으로 인정되고, 영혼의 격동[83], 즉 고통, 갈망, 분노, 공포 등에 의한 진술도 — 그것들이 긴박의 힘을 가지므로 — 진정성과 신빙성을 불러일으키네.

75 진실이 드물지 않게 발견되는 다음 상황들도 이 종류인데, 어린 나이, 잠, 부주의, 주취, 정신이상이 그러하네. 왜냐하면 아이들은 종종 무언가가 어떤 의미가 있는 줄도 모르면서 그것을 알려주곤 하기 때문이네. 그리고 잠, 술, 정신이상에 의하여 많은 것들이 빈번히 밝혀지기도 했지. 최근 스타예누스에게 일어났듯,[84] 많은 사람들이 부주의로 증오의 대상이 되는 지경에까지 떨어졌네. 그는 벽으로 막혀 있는 상태지만 훌륭한 사람들이 듣고 있는 중에 무언가를 말했던 거지. 그것이 밝혀지자 법정에 구인(拘引)되어 당연하게도 사형 판결을 받았네. [우리는 라케다이

몬 사람 파우사니아스와 관련해서도 이것과 유사한 것을 알고 있네.]

76 우연한 사정들의 경합은 다음과 같네. 즉 드러내져선 안 될 것이 행해지거나 말해질 때, 우연에 의하여 발생한 것이지. 이 종류에는 팔라메데스에게 씌워진 다수의 반역 혐의 또한 속하네. 이 종류에 대해선 때로 진실 자체도 반박하기 어렵지. 다중에 의한 증언이라 할 수 있는 대중의 소문도 이 종류에 속하네.

그런데 덕에 의하여 신빙성을 주는 것들은 두 부분이지. 하나는 본성에 의하여, 다른 하나는 노력에 의한 것이네. 즉 신들의 덕은 본성에 의하여, 사람의 덕은 노력에 의하여 뛰어난 것이네.

77 신적인 것들로 대체로 다음의 증거들이 있네. 첫째는 언설의 증거네. 신탁(oraculum)은 바로 그 안에 신들의 언설(oratio)이 들어 있다는 이유 때문에 그렇게 불리는 것이라네. 둘째는 사물의 증거인데, 그 사물들 안에는 마치 신의 작품 같은 게 있는 것이지. 우선 세계 자체와 그것의 전 질서와 꾸밈이 그러하네. 다음으론 공기 중에서 이루어지는 새들의 비행과 노래네. 그다음엔 동일한 공기의 굉음과 번쩍임과 대지 위 수많은 사물들의 징조와 또한 짐승의 내장을 통해 발견되는 예조(豫兆)가 있지. 또한 잠든 이들도 많은 것들을 영상으로 보여주었네. 이 논소들로부터 때로 신들의 증거가 신빙성을 주기 위하여 원용되는 것이네.

78 사람에게선 덕에 관한 평판이 가장 강력하네. 평판이란 덕

을 실제로 갖는 자들만이 아니라 덕을 갖는다고 보이는 자들도 덕을 갖는다는 말이지. 그러므로 사람들은 자기가 보기에 재능을 갖춘 자들, 열의를 갖춘 자들, 학식을 갖춘 자들과 카토, 라일리우스, 스키피오, 그 밖에 많은 이들처럼 인생이 일관되고 증명된 자들을 자기가 되고 싶어 하는 자들로 여긴다네. 사람들은 인민이 부여한 명예 속에서 국사에 헌신했던 자들만이 아니라, 연설가, 철학자, 시인, 역사가도 그렇게 보지. 그들의 말과 글로부터 빈번히 신빙성을 주기 위하여 권위가 취해지네.

XXI 79 논증을 위한 모든 논소들이 이렇게 설명되었는데, 우선 이해되어야 할 것은 논소가 관련되지 않는 토론은 없다는 것, 반면 모든 문제에 모든 논소가 다 적용되는 것 또한 아니라는 것, 어떤 문제에는 특정한 논소가, 다른 문제엔 다른 특정한 논소가 더 적합하다는 것 등이지.

문제에는 두 가지 종류가 있다네. 하나는 한정되지 않은 것이고 다른 하나는 한정된 것이네. 한정된 것을 희랍인들은 '휘포테시스(ὑπόθεσις)'라고, 우리는 '사안(특수 문제)'이라고 부르지. 한정되지 않은 것을 희랍인들은 '테시스(θέσις)'라고, 우리는 '논제(일반 문제)'[85]라고 부르네.[86]

80 사안은 특정의 사람, 장소, 시간, 행위, 활동이 명료하네. 이것들 중 모든 또는 대부분의 것들이 말이지. 반면 논제는 이것들 중 하나 또는 여럿은 명료하지만 가장 중요한 것들은 명료하

지 않네. 그러므로 논제는 사안의 부분이지. 모든 문제는 사안들을 구성하는 사태들 중 일정한 사태에 관한 것인데, 그것은 하나, 여럿 또는 때로 모두이기도 하지.

81 '임의의 주제에 관한' 문제[87]는 두 가지인데, 하나는 인식의 문제이고 다른 하나는 행위의 문제이네.

82 문제의 목적이 앎인 것이 인식의 문제이지. 예컨대 "권리가 자연으로부터 나오는지 아니면 인간이 부여한 조건 같은 것, 즉 협약에서 나오는지" 등이네. 행위의 문제는 다음과 같네. "출사(出仕)하는 것이 현자의 일인가?" 인식의 문제는 세 부분이 있네. 즉 존재하는지 또는 무엇인지 또는 어떤 성질인지이네. 이것들 중 첫 번째 것은 추정에 의하여, 두 번째 것은 정의에 의하여, 세 번째 것은 법과 불법의 구별에 의하여 설명되네.

추정의 방식은 네 부분으로 나뉘네. 첫째 부분은 무언가가 존재하는지 문제되는 경우이고, 둘째는 그것이 어디에서 유래하는지, 셋째는 어떤 원인이 그것을 야기했는지, 넷째는 사안의 변경이 문제가 되네. 존재하는지는 다음과 같네. "훌륭한 어떤 것이 도대체 존재하는가, 정의로운 어떤 것이 실제로 존재하는가, 아니면 이것들이 단지 의견 속에서만 존재하는가?" 어디에서 유래하는지는 다음과 같은 것이 문제되는 경우이네. "덕은 자연에 의하여 성취될 수 있는가, 아니면 가르침에 의하여 성취될 수 있는가?"[88] 야기하는 원인은 이렇게 문제되네. "어떠한 것들로 달변이 야기되는가?" 변경에 관해선 이러하네. "달변이 일정한 변경에 의하여 눌변으로 전환될 수 있는가?"

XXII 83 반면 문제가 '무엇인가'일 경우, 개념, 속성, 구분, 열거를 설명해야 하네. 이것들은 모두 정의에 속하지. 희랍인들이 '카락테르(χαρακτήρ)'라고 부르는 기술(記述)도 부가되네. 개념은 다음과 같이 문제되네. "더 강한 자에게 유용한 것이 형평에 부합하는가?"[89] 속성은 다음과 같네. "근심은 사람에게만 생기는가, 아니면 짐승에게도 생기는가?" 구분 그리고 마찬가지로 열거는 다음과 같네. "좋음에는 세 종류가 있는가?" 기술은 다음과 같네. "수전노는 어떠한 종류의 사람인가, 아첨꾼은 어떠한 종류의 사람인가? 기타 동종의 사람들은 어떠한 종류의 사람으로 천성과 행장이 기술될 것인가?"

84 그런데 무언가가 어떠한 종류인지 문제되는 경우, '단순하게' 또는 '비교하에' 문제되네. '단순하게'란 "영광이 추구되어야 하는가?"이고, '비교하에'란 "부보다 영광을 우위에 두어야 하는가?"이네. 단순한 문제는 세 가지가 있네. "추구와 회피, 형평과 불형평, 훌륭한 것과 추한 것에 관한 것이지. 반면 비교의 문제는 두 가지네. 하나는 같은 것과 다른 것, 다른 하나는 큰 것과 작은 것이지. 추구와 회피에 관한 것은 다음과 같네. "부를 추구해야 하는가? 빈곤을 회피해야 하는가?" 등 말이네. 형평과 불형평에 관한 것은 "나에게 불법을 가한 자는 누구라도 복수하는

것이 형평에 부합하는가"이네. 훌륭한 것과 추한 것에 관한 것은 "조국을 위하여 죽는 것이 훌륭한가?"이네.

85 두 부분으로 나뉘는 또 다른 종류 중 하나는 다음과 같이 같은 것과 다른 것에 관한 것이네. "친구와 아첨꾼, 왕과 참주의 차이는 무엇인가?" 다른 하나는 큰 것과 작은 것에 관한 것이네. "달변이 시민법 지식보다 더 중요한가?"라는 문제 같은 것이지. 인식의 문제들에 관해선 여기까지 하세.

86 남아 있는 것들은 행위의 문제이네. 두 종류가 있지. 하나는 의무와 관련되고, 다른 하나는 격정을 야기하고, 진정시키고, 완전히 제거하는 것에 관련되어 있네. 의무랑 관련된다는 것은 "아이를 가문에 받아들여 길러야 하는가?"와 같은 문제이네. 격정과 관련된 것은 국가 방위를, 상찬을, 영광을 추구하도록 촉구하는 것이지. 이 종류에서 읍소, 선동, 눈물어린 동정이 나오네. 반대로 언사는 화를 진정시키기도, 또 공포를 앗아가기도, 또 경희작약(驚喜雀躍)을 억누르기도, 또 근심을 없애주기도 하네. 이것들은 논제의 문제에 속하는 종류들이지만, 동일한 것들이 사안에도 전용되네.

XXIII 87 그런데 어떤 논소들이 각각의 문제에 들어맞는지 살펴보아야 하네. 이 논소들은 모두 대부분의 문제에 맞겠지만, 내가 말했던 것처럼, 일정한 논소들은 일정한 문제에 더 적합하다네. 그에 따라 추정 문제에 가장 적합한 건 원인으로부터 취해질 수 있는 논소들, 결과로부터 취해질 수 있는 논소들, 결부된 것으로부터 취해질 수 있는 논소들이지. 반면 정의 문제에는 정의하는 방법과 그것이 무엇인지 아는 것이 관련되네. 이 종류에 가장 가까운 것은 '같음과 다름'으로 불린다고 내가 말했던 논소인데, 정의의 외관을 갖지. '완고함과 일관성이 같은 것인가'가 문제되는 경우, 정의에 의하여 판단해야 하기 때문이네.

88 그런데 이 종류의 문제에는 후행하는 것, 선행하는 것, 모순되는 것의 논소들도 들어맞을 것이네. 이것들은 원인으로부터, 그리고 결과로부터 취해지는 논소들에도 결부되어 있네. 그것이 이것에 후행하고 저것에는 후행하지 않는 경우, 또는 그것이 이것에 선행하고 저것에는 선행하지 않는 경우, 또는 이것과는 모순이고 저것과는 모순되지 않는 경우, 또는 이것들은 이것의 원인이고 다른 것들은 저것의 원인인 경우, 또는 이것은 어떤 것에 의하여 야기되고 저것은 다른 것에 의하여 야기되는 경우, 이것들 중 어떤 것으로부터도 문제되는 주제가 같은 것인지 다른 것인지 발견될 수 있네.

89 '어떤 종류인가'가 문제되는 세 번째 문제와 관련하여 조금 전[90] 비교 부분에서 열거된 것들이 비교되네. 추구되는 것에 관하여, 그리고 회피되는 것에 관하여 문제되는 경우, 영혼의 또는 육체의 아니면 외적인 이익이나 불이익이 이용되네. 또 훌륭한 것에 관하여, 그리고 추한 것에 관하여 문제되는 경우, 모든 연

설은 영혼의 좋음과 나쁨에 맞춰져야 하네.

90 형평과 불형평이 논의되는 경우, 형평의 논소들이 모아지네. 이것들은 두 부분으로 나뉘는데, 자연에 의한 것하고 제도에 의한 것이네. 자연은 두 부분을 가지는데, 각자에 대한 자기 것의 분배와 복수의 법이지. 반면 형평의 제도는 세 부분이네. 첫 부분은 법률의 부분이고, 두 번째는 약정의 부분이며, 세 번째는 오래된 관습에 의하여 확립된 부분이네. [또 형평은 달리 세 부분이라고 일컬어지네. 즉 첫 부분은 상계의 신들에, 두 번째는 망령들에, 세 번째는 사람에 관련된다고 하네. 첫 번째 부분은 경건, 두 번째는 성스러움, 세 번째는 정의 또는 형평이라 명명되네.]

XXIV 논제에 관해선 충분히 많은 것을 말했군. 다음으론 사안에 관하여 조금만 논하면 될 걸세. 사안은 논제와 많은 공통점이 있기 때문이지.

91 사안에는 재판, 심의, 칭송의 세 가지 종류가 있네. 그 사안들의 목적 자체가 어떤 논소를 사용해야 할지를 밝혀주지. 재판(iudicium)의 목적은 법(ius)인데, 이것에서 그 명칭도 유래하네. 법의 부분들은 형평의 부분들을 다루었을 때[91] 설명하였네. 심의의 목적은 유용성이네. 이것의 부분들은 추구해야 할 것과 관련하여 방금 설명된 그 부분들이네.[92] 칭송의 목적은 명예인데, 그것에 관해서도 앞에서 논해졌네.[93]

92 그러나 한정된 문제 각각은 어느 정도 고유한 자신들의 논소에 의하여 구성된다네. …… 그 문제들은 고발과 변호로 나뉘지. 그리고 그것들 안에 다음과 같은 종류가 있네. 고발인은 사람을 행위에 기하여 고발하고, 변호인은 다음 세 가지 중 하나로 항변하는 것이지. 즉, "행해진 바 없다" 또는 "행해졌다 해도 그 행위의 명칭은 다르다" 또는 "정당하게 행해졌다"라네. 그리하여 첫 번째 문제는 '부인 문제' 또는 '추정(=인정) 문제'라고, 두 번째는 '정의 문제'라고, 세 번째는 — 이 명칭이 못마땅하긴 하지만 — '사법적 문제'라고 불리네.

XXV 이렇게 각 사안에 고유한 논변이 여기에서 설명되었는데, 이 논변들은 내가 연설술 교본에서 해설한[94] 논소들로부터 취한 것이네.

93 죄목의 격퇴가 포함되어 있는, 고발에 대한 반박은 희랍어로 '스타시스(στάσις)'라고 불리기 때문에 라틴어로는 '스타투스(status, 대치[95])'라고 부를 수 있네. 여기에서, 말하자면 대항하기 위하여 방어군이 최초로 진을 치고 버티고 있는 것이지. 또한 심의와 칭송에서도 동일한 대치가 존재하네. 어떤 이가 자기 생각에 일어날 것이라고 주장했던 것들이, 만일 그것들이 결코 일어날 수 없거나 또는 극단적 어려움 없이는 일어날 수 없다면, 일어나리라는 것이 종종 부정되기 때문이지. 이 논증에서 추정 관련 대치[96]가 발생하네.

94 또 유용성, 훌륭함, 형평에 관하여 그리고 이것들과 대립하는 것들에 관하여 논의되는 경우, 법의 대치 또는 명칭의 대치가 대두되네. 칭송의 경우에도 그와 마찬가지지. 칭송받는 것이 행해졌다는 점이 부정될 수도 있고, 또는 칭송자가 부여할 때 썼던 명칭이 부여되어서는 안 된다고, 또는 그것이 옳게도 적법하게도 행해지지 않았기 때문에 전혀 칭송할 만한 것이 아니라고 주장될 수도 있기 때문이네. 카이사르는 이 모든 것을 나의『카토』를 상대로 너무 뻔뻔스럽게 사용하였다네.

95 그런데 대치로부터 야기되는 대결지점을 희랍인들은 '크리노메논(κρινόμενον)'이라 부르네. 내가 다름 아닌 자네에게 편지를 쓰기 때문에, 그것을 '쟁점사항'이라고 부르고 싶네. 이 쟁점사항을 지탱해주는 논거들을, 말하자면 방어의 토대 같은 것으로서 '핵심 요점'라고 부를 수 있네. 그것들이 없다면 방어는 있을 수 없겠지.

그러나 분쟁 해결에서 아무것도 법률보다 더 강력하진 않아야 하기 때문에, 우리는 법률을 조력자나 증인으로 활용하도록 노력을 기울여야 하네. 이로써 다른 새로운 '대치들'이라 할 수 있는 것이 존재하게 되지, 하지만 여기선 그것들을 '법적분쟁'이라고 부르세.

96 때로는 법률이 상대방이 원하는 바를 말하지 않고 다른 것을 말한다고 하면서 방어할 수 있네. 그것은 문구가 애매하여 두

가지 다른 의도로 이해될 수 있는 경우에 발생하지. 때로는 문구에 입법자의 의사를 대립시켜 문언과 의도 중 어떤 것이 더 강력한지 의문이 들게 만들 수도 있지. 때로는 한 법률에 대립하는 다른 법률을 맞세우기도 하지. 모든 문서에서 분쟁을 야기할 수 있는 세 가지 종류는 바로 애매함, 문서와 의사의 상이함, 대립하는 문서들이네. **XXVI** 이제 법률뿐만이 아니라 유언, 문답계약[97], 또는 문서에 의하여 행해지는 기타 사항들에서도 동일한 분쟁들이 존재할 수 있다는 것은 명백하네. 이것들의 취급은 다른 책[98]에서 설명되어 있네.

97 연설 전체뿐만 아니라, 한 연설의 각 부분들도 동일한 논소들의 도움을 받는다네. 그 논소들은 고유하기도 하고 공통적이기도 하지. 즉 모두(冒頭)에서는 청중이 호의를 가지도록, 순응하도록, 주의를 기울이도록 모두에 고유한 논소들로써 만들어야 한다네. 마찬가지로 사실진술도 그 자체의 목적에 걸맞도록, 즉 명확하도록, 간략하도록, 명백하도록, 신빙성 있도록, 절도 있도록, 위엄 있도록 사실진술에 고유한 논소들을 이용해야겠지. 물론 이 특징들은 연설 전체에 걸쳐 있어야 하겠지만, 사실진술에 더 고유하다네.

98 그런데 사실진술 다음에 오는 증명은 설득으로 얻어지기 때문에, 이미 연설 이론 전반에 관한 책에서 어떤 논소들이 설득하는 데 가장 강력한지 기술된 바 있지. 한편 마무리에는 다른 논

소들, 특히 과장이 있네. 여기에서 과장의 효과로써 마음이 격동되기도, 누그러지기도 하여야겠지. 마음이 이미 전부터 그런 상태라면, 연설은 마음의 움직임을 크게 하거나 진정시켜야 하네.

99 그 안에서 연민, 분노, 증오, 시기, 기타 감정들이 자극되는 이 마무리 부분에 대한 가르침은, 자네가 원한다면 나와 함께 읽을 수도 있는 다른 책에 나와 있네. 하지만 내가 아는 자네의 소원과 관련해선, 자네의 욕구가 여기서 풍성하게 충족됐길 바라네.

100 즉 모든 논의에서 논거 발견과 관련된 어떠한 것도 간과하지 않기 위하여 나는 자네가 요구한 것보다 더 많은 것을 포함시켰는데, 이것은 관대한 매도인들이라면 빈번히 하는 일을 한 것이네. 그들이 채굴벌채물[99]을 유보하고 건물 또는 토지를 매도하는 경우에도, 장식 목적으로 적절하게 자리를 잘 잡고 있는 것으로 보이는 것을 매수인에게 넘겨주듯, 자네를 위하여 내가, 말하자면 양도하기로 의무 부담한 것에다가 의무 없는 어떤 장식들을 부가하길 원한 것이네.

주석

1 아리스토텔레스 저서 *topica*는 '변증론'으로 또는 음차되어 '토피카'(최근에 공간된 아리스토텔레스 지음, 김재홍 옮김/해설, 『아리스토텔레스의 토피카 — 토포스에 관한 논구』, 서광사, 2021을 참조할 것)로 옮겨진 예가 있다. 키케로의 저서 *topica*는 아리스토텔레스의 저서와는 여러 면에서 다른 작품이지만 한글 제목은 '토피카'로 하였다. 키케로가 아리스토텔레스에게 바친 일종의 오마주를 고려하였다.

2 로마에서 권(卷, liber)은 우리의 책보다 작은 단위이다. 한 권의 평균적 분량은 약 1500~2500행, 각 줄은 35자였다. 그러므로 현재 책 크기로 환산하면 통상 15~25페이지 정도에 불과하다. 본문에서 하나의 두루마리 책을 '여러 권'이라고 표현하는 이유가 바로 이것이다. 길이로 보건대, 로마의 권은 크기로 현재의 장(章)이나 부(部) 정도에 해당한다.

3 일의이어(一義二語, hendiadys)로 보아 ratio et via를 '이성과 방도'가 아닌 '이성적 방도'로 옮겼다.

4 희랍에서는 테오프라스토스의 사후 아리스토텔레스의 교설이 담긴 저술들이 거의 사라지게 된다. 후대 특히 헬레니즘 철학이 아리스토텔레스를 아는 것은 테오프라스토스를 통해서다. 이러한 상황은 키케로에게도 예외는 아니었다. 다만, 잘 알려진 술라와 루쿨루스에 의한 희랍 서적 강탈로 역설적이게도 막대한 사상 유산이 로마에서 살아남을 수 있었다. 실력자들의 이러한 폭거

로 아리스토텔레스의 전문가를 상대로 한(esoteric) 저술도 로마에서 많이 알려지게 되었다. 본문의 키케로 서재를 관리한 사람은 아미소스의 튀란니온인데 직책만큼이나 박람강기했다고 전해진다.

5　copia. 수사의 화려 또는 기교의 풍부함.

6　suavitas. 우아하여 자유 시민에 걸맞음.

7　이탈리아 캄파니아 지역에 속하며 마그나 그라이키아의 일부이다. 파르메니데스와 제논의 출신지로 알려져 있는 엘레아는 이 도시의 희랍어 이름이다. 트레바티우스의 별장이 있던 이곳은 키케로가 희랍 쪽으로 가기 위해 들를만한 위치이다. 기원전 44년 7월에 키케로는 아테나이에서 유학 중이던 아들을 방문할 계획이었다.

8　deesse를 특히 법률용어로 볼 필요는 없다. 그러한 한에서 법률용어로 보고 Heumann/Seckel, Heumann/Seckel, *Handlexikon zu den Quellen des römischen Rechts*, Jena, 1923의 해당 항목을 지시한 Rheinhardt의 독해는 적절치 못하다.

9　기원전 44년 6월 30일에 키케로가 트레바티우스에게 쓴 서한에서 알 수 있는 바(『친구들에게 보낸 서한』 7.20.2), 키케로가 트레바티우스에게 위임한 업무는 아마도 강자 안토니우스와의 매개 역할과 관련된 것이다.

10　퀸틸리아누스의 교과서 『연설술 교본』(5.14.28)에서는 키케로의 'iudicare'(=iudicium)에 해당하는 용어가 'κριτική'이다.

11　반면 『최고선악론』 4.10에서는 키케로가 이 2분법을 취하지 않았다. Cumque duae sint artes, quibus perfecte ratio et oratio compleatur, una inveniendi, altera disserendi, hanc posteriorem et Stoici et Peripatetici, priorem autem illi egregie tradiderunt, hi omnino ne attigerunt quidem. 그런데 이 개소 4.10 첫 행의 ratio et oratio를 보면 『토피카』 6절의 'ratio disserendi'의 성격을 짐작할 수 있다. 즉 ratio가 추론술(논리학)이라면 oratio는 연설술(수사학)인 것이다.

12　스토아학파의 철학은 윤리학(ἠθική), 자연학(φυσική), 언어학(λογική)으로 분류된다. 키케로의 이해에서 본문의 ratio disserendi는 그중 언어학이다(*De fato* 1: "totaque est λογική, quam rationem disserendi voco"). 언어학은 기원전 4세기의 크세노크라테스(Xenocrates)를 개조로 한다(섹스투스 엠피리쿠스, 『학자들에 대한 논박(*Adversus Mathematicos*)』 7.16). 스토아의 언어학은 다시 논리학(διαλεκτική, 변증술), 인식론, 수사학으로 나뉜다. 이때 논리학과 인식론은 밀접한 관련이 있다. 즉 논리학이 다루는 명제들의 인식론적

지위를 인식론이 밝혀주기 때문이다. 크세노크라테스도 로기케를 디알렉티케와 레토리케(ῥητορική=수사학)로 나누었을 것이다(『학자들에 대한 논박』 2.6~7). 디알렉티케는 철학적 논변들의 교환으로서 질문과 답변의 형태이다. 로기케는 아무래도 그보다는 더 포괄적인 논의와 논증을 가리킨다. 디알렉티케와 레토리케의 차이는 디알레티케가 논변의 실질적 내용에 집중한다면, 레토리케는 언어의 맵시나 품을 본다고 할 수 있다. 이 경우 로기케의 주축은 수사학보다는 논리학(디알레티케)이 되고 만다. 발견을 하는 단계와 논증을 하는 단계를 나누는 것은 『연설가(*Orator*)』(48)나 『수사학 구분(*Partitiones oratoriae*)』(8.139)에서도 볼 수 있다.

13 논소에 의하여 발견된 논거로써는 확증을 하는 정도에는 이르지 못하고, 신빙성을 주는 정도에 그친다. 키케로는 『발견론(*De inventione*)』 1.74에서도 필연적 논증(necessaria argumentatio)과 개연적 논증(probabilis argumentatio)를 나누고 있다. 결국 수사학적 증명은 진리에 대한 것이 아니라 개연성일 수밖에 없다.

14 스토아의 범주 분류가 여기에서 보인다. ὑποκείμενον, ποιόν, πῶς ἔχον, πρός τί πως ἔχον의 넷으로 나뉜다. ὑποκείμενον는 ex toto(=ex definitione), ποιόν는 ex partibus(=ex partium enumeratione), πῶς ἔχον은 ex nota(=etumologia), 마지막으로 πρός τί πως ἔχον이 ex iis rebus quae affectae sunt로 이어진다.

15 아리스토텔레스, 『수사학』에서 'τὸ τί ἐστι'(B23, 1398a15~28)에 해당한다.

16 civitas는 각 시민들이 구성원으로 구성하는 단체라는 의미에서 '시민체'로도 번역할 수 있다.

17 부분의 열거 논소(locus ex partium enumeratione)는 아리스토텔레스의 작품에서도 찾을 수 있다. 『토피카』, B4, 111a33~b11, 『수사학』, B23, 1398a30~32, B23, 1399a7~10.

18 'Manumissio(해방)'는 동사 'manumittere(해방하다)'에서 파생하였다. 노예의 주인이 자신의 지배로부터 노예를 풀어주는 것, 즉 다른 말로 "자유의 부여(datio libertatis)"(*D.* 1.1.4)이다. 엄밀하게는 본문에서 언급된 세 가지 해방 방식(manumissio censu, vindicta, testamento "만약 노예가 호구조사 명부에 기입되어 해방된 것도, 정무관 앞에서 막대기가 머리 위에 놓인 채 해방된 것도, 유언으로 해방된 것도 아니라면") 외에 다른 방식도 존재했으나, 키케로는 주된 세 가지만 들어 설명하였다.

19 여기서의 법률이란 12표법이다. Gellius, *Noctes Atticae*, 16, 10, 2~6에 따를 때, 12표법, 1표의 4는 "adsiduo uindex adsiduus esto. proletario 'ciui' quis uolet uindex esto 정주자를 위한 소송담보인은 정주자이어야 한다. 무산 '시민'을 위해서는 원하는 자 누구라도 소송담보인이 되어야 한다"였을 것으로 추정된다.

언어학적으로는 assiduus가 'ad+sedere'로 분석되어 '정주한다'는 의미이며, 본문의 'aes+dare' 분석은 잘못이다. 즉 정주자(assiduus)란 로마에 초기부터 정주하여 토지를 소유하는 자이며, 토지를 소유하지 못하는 무산자(proletarii, 이 단어는 나라에 기여하는 것이 아기[proles]를 낳는 것 말고는 없다는 의미)와 대비된다. 후에는 의미가 확장되어 다양한 원천(노예, 가축, 동산, 금전)에 의한 부유한 사람 일반을 가리키게 된다. 이러한 의미에서 'locuples'로 표현되기도 했다.

그리고 소송담보인(vindex)은 지정된 다음 기일에 피고의 출석을 보증하는 사람이다. 결국 본문의 의미는 소송 절차에서 피고로서 청구를 만족시키기에 충분한 자력을 가진 자도 자력이 있어야 할 뿐 아니라 피고가 출두할 것을 보증하는 보증인도 충분한 자력이 있어야 한다는 의미이다.

20 esse를 '~하는 권리가 있다'가 아니라, '~이 권리다'로 옮겨 존재사가 아닌 계사로 보았다.

21 compascuus는 형용사이고 compascere는 동사로서 두 단어는 파생결합관계에 있다.

22 물론 '종'이 '부분'과 엄격히 구별되어 쓰이는 맥락도 있다. 예컨대 아래의 31절을 보라. 종이 부분과 나뉘듯, 구분(divisio)과 열거(partitio)가 나뉜다. partitio에 관해 키케로는 예를 들지 않았다. 다만 보에티우스(Boethius)가 자신의 주석서(289.34ff.)에서 partitio를 설명한다. divisio는 키케로 전에 더 오래된 역사가 있다. 유를 종으로 나누는 방법, 즉 διαίρεσις는 이미 플라톤의 『소피스트』 등 후기 대화편 시기에 언급된다. 아리스토텔레스는 이 용어를 더 편만되게 사용한다. 키케로는 13절에서 유-종관계가 인정되려면 유가 종의 술어가 되어야 한다는 요건을 부과한다. 다만, 아리스토텔레스의 유종관계 요건은 이보다 훨씬 엄격하다.

23 원래 손이라는 의미의 '수권(手權, manus)'은 가 구성원과 노예 모두에 대한 가부장의 지배권을 가리켰으나, 후에는 처에 대한 남편의 지배권만으로 의미가 축소되었다. 남편은 혼인 체결에 수반되는 '수권 귀입(conventio in

manum)'을 통하여 수권을 획득했다. 남편의 수권하(in manu)에 있는 아내는 딸의 법적 지위(filiae familias loco)를 갖는 데 불과했다. 반면, 이러한 수권이 수반되지 않는 자유혼에서는 혼인하는 여자가 남자의 지배권하에 복속되지 않았다.

24 유증(legatum)이란 유언자의 의사에 따라 상속인이 아닌 자에게 부여되는 "상속재산으로부터의 공제"(*D.* 30.116pr.)이다. 일반적으로 유증은 일정 금액 또는 개별물(res singulae)로 구성된다. 본문에서는 남편이 처 파비아에게 유증하였고, 남편의 상속인(예컨대 그의 아들)이 수유자인 파비아에게 유증채무를 부담하는지 문제되고 있다. 그런데 유증채무가 부정되었다.

25 판단된다(videtur)는 전문가의 감정(鑑定)에서 흔히 보이는 문구이다.

26 용익역권(ususfructus: usus+fructus)은 타인의 재산을 가령 손괴, 감소, 악화 등으로 물건의 실체를 손상하지 않고(salva rerum substantia, *D.* 7.1.1) 사용할 권리(ius utendi=usus) 및 과실을 수취할 권리(ius fruendi=fructus)이다. 본문에서처럼 일반적으로 용익역권은 소유자의 종의(終意)에 따라 유증에 의해 상속인이 아닌 수유자(legatarius)에게 이전될 수 있다. 이때 수유자는 상속인에게 용익역권을 청구할 수 있고, 상속인은 수유자에게 용익역권을 행사할 수 있도록 해 줄 채무를 부담한다. 본문의 사안은 건물에 붕괴나 하자 등이 발생한 특수한 경우인데, 수유자가 상속인에게 자신이 유증으로 취득한 용익역권의 완전한 행사를 위하여 건물을 온전한 형태로 넘겨줄 것을 청구한 경우이다. 상속인은 온전한 상태로 넘겨줄 의무가 없다는 것이 본문의 결론이다. 결국 유증은 유언자에 의한 무상 출연인데, 수유자에게 유증으로 인한 이익이 실질적이 되기까지 수유자에게 완전히 귀속했다고 보기는 어렵다.

27 용익역권에 관해서는 주석 26을 보라. 용익역권의 성립을 위해서는 실체가 손상되지 말아야 하는데, 본문의 사안에서 소비는 실체가 손상되는 예이다.

28 두격(頭格)감등(capitis deminutio 또는 minutio capitis[이하 c. d.])은 두격(caput)이 감소하는 것이다. 두격이란 법률행위를 유효하게 할 수 있고 법에서 인정받는 권리의 주체가 될 수 있는 민사적 지위이다(*D.* 26.4.3.9; *D.* 33.2.). 현대의 권리능력에 해당한다. 두격감등에는 세 종류가 있는바, 두격대감등(c. d. maxima)으로 자유(status libertatis), 중감등(c. d. media)으로 시민권(status civitatis), 소감등(c. d. minima)으로 가족 구성원의 지위(status familiae)를 각각 상실한다(*Gai.* 1.159 이하). 본문의 사안은 세 번째 경우이

다. 즉 여자가 수권 귀입을 동반하는 혼인을 하는 경우에는 법무관법상 유산점유를 할 수 있다. 본가의 가족 구성원 자격을 상실하고 남편의 수권에 복속하게 되면서 예컨대 그녀 자신의 자식들에게 상속시킬 수 있게 되는 것이다. 그런데 본문에서 여자는 그런 상태가 아니라서 여전히 친정아버지 등의 권력인 솔가권(率家權, potestas)하에 머물며 자식에게 상속시킬 수도 없는 경우이다.

29 유산점유(bonorum possessio)는 법무관법상의 상속(testamentum praetorium)이다. 고래의 법리에 따르면 법무관은 상속인을 만들 수 없었다(praetor heredes facere non potest[*Gai.* 3.32; *I.* 3.9.2]). 그러나 법무관은 상속재산을 점유하도록 명함으로써 유산점유자(bonorum possessor)에게 시민법상의 상속인(heres)이 아니면서도 실질적으로 시민법상 상속인에 버금가는 법적 지위를 부여하였다. 본문에서 여성이 수권 귀입에 의한 혼인으로 남편의 권력하에 들어가지 않아서 유언을 한 것으로 보인다. 남편의 수권하에 들어갔다면 아예 아무런 권리가 없을 것이기 때문이다. 본문은 또 소위 유언장에 따른 유산점유(bonorum possessio secundum tabulas)의 사안이다. 유언이 시민법상으로는 무효일지라도 시민법보다 간소한 방식을 요구하는 법무관법에 따르면 유효인 경우, 지정된 상속인에게 유산점유를 부여하는 법형상이었다. 그러나 본문의 경우에 여자는 유언능력이 없기 때문에 여자의 유언에 따른 효력을 인정할 수 없고 법무관에 의해서 보호받을 수 없다는 것이다.

30 고시(edictum)란 정무관이 직무를 담당했을 때 자신이 공포한 규범 전체의 집성 또는 그곳의 조항 하나를 가리킨다. 정무관 고시는 1년 동안 효력이 있었는데('lex annua'), 정무관이 1년의 임기였기 때문이다.

31 선행하는 것이란 원인(causa)이다(키케로, 『운명에 관하여』 24). 또 아래의 88절을 보라.

32 소위 정당한 사유에 의한 이혼(divortium ex iusta causa)의 효과이다. 남편의 귀책사유로 이혼이 되는 경우, 부인의 지참재산은 전부 다시 부인 내지 부인의 본가에 귀속한다. 부부의 자식은 어머니의 지참재산이 아버지의 재산으로 들어가야 그로부터 상속을 기대할 수 있으나 본문의 사례는 아버지의 귀책사유 때문에 어머니의 지참재산은 아버지의 재산으로 들어가지 않아 자식의 기대가 절단되는 경우이다. 남편의 귀책사유가 선행하는 것이다.

33 논리학 용어로 ἀκόλουθος(수반관계)이다.

34 상속의 부정은 정식 혼인이 아닌 동거의 '후행하는 것'이다.

35 상속인 보충지정(substitutio)이란 최초 지정된 상속인이 상속을 원하지 않거나 할 수 없어서 상속을 받지 못하는 경우를 대비하여 유언자가 다른 상속인을 지정하는 절차이다. 2순위로 지정된 상속인을 보충상속인(heres substitutus) 또는 본문에서처럼 제2 상속인(heres secundus)이라 부른다. 최초로 지정된 상속인을 보충하기 위하여 한 명 또는 그 이상의 여러 명이 보충 지정될 수 있다. 최초 지정된 상속인들이 상호 보충(substitutio mutua, reciproca)할 수 있고 제3 상속인(heres tertius)이 제2 상속인(heres secundus)을 보충할 수 있다. 유언자는 이 제도를 통해 최초 지정된 상속인이 상속을 받지 못하여 유언이 무효가 되는 것을 방지하였다. 본문은 아들이 가부장보다 먼저 사망하여 상속을 할 수 없고 보충상속인이 상속하는 경우이다. 그런데 유언자가 아들을 상속인 지정할 때에는 유증을 명시적으로 표시하였으나 보충상속인 지정할 때에는 표시하지 않아서 유증의 유효 여부가 문제된 것이다. 본문의 결론은 보충상속인이 상속한 경우에도 유증을 인정하는 것이다.

36 우선 아들이 선순위로 상속인 지정되었다. 이때에 부인을 이롭게 하는 유증의 문구가 있었다. 그런데, 문제는 아들이 아버지보다 먼저 사망했기 때문에 아들은 상속인이 될 수 없게 된 사태이다. 그런데 유언장에 후순위로 상속인 지정된 자가 있었는데 그가 상속인이 되었다. 이 경우에는 부인에 대한 유증의 문구가 없다. 그렇다면 문제는 부인이 실제 상속인이 된 후순위 상속인의 지정에는 반복하여 언급되지 않았기 때문에 유증을 받을 자격을 상실하느냐, 아니면 사망하여 실제 상속인이 될 수는 없었지만 아들의 상속인 지정과 함께 부인에 대한 유증의 문구가 실제로 존재했으므로 설령 아들이 상속인이 되지 않았더라도 부인이 유증을 받는 것이 더 타당하다고 주장할 수 있는지가 문제된 것이다.

37 미발생손해(damnum infectum=damnum nondum factum)란 아직 실현되지는 않았지만 이웃 재산에 대한 불완전한 상태가 초래되어 발생할 위험이 개연적인 손해이다. 내 토지 위에서 건축 공사를 하는 경우, 공사 중에 있는 건축물이 이웃집 쪽으로 기울어져 있는데 자칫 붕괴하여 이웃집에 피해를 줄 위험이 있는 경우를 상정하라. 본문의 사례에서 A가 B와의 공동벽 철거 작업을 하는데, 그 철거 작업으로 발생할 수도 있는 손해가 미발생손해이다. 아직은 발생하지 않았지만 철거 중에 B에게 그 미발생손해가 현실화되는 경우 배상하겠다고 A가 문답낙약을 한 경우이다. 즉 미발생손해 담보문

답계약(cautio damni infecti)으로써 곧 실현될 우려가 있는 손해를 이웃(B)의 재산을 위협하는 상태에 있는 인접 건물의 소유자(A)가 위협받는 부동산의 소유자(B)에게 배상하겠다는 의사가 표시된 것이다. 손해가 실제로 발생하면 위협받는 건물 소유자는 위협하는 건물 소유자에게 이 문답계약에 기하여 손해배상을 강제할 수 있다.

38 공동 벽을 철거하다 아치가 있는 직각벽에 손해가 발생한 경우, 공동 벽의 철거는 직각벽 손해에 대하여 원인이 되지 않는다.

39 아리스토텔레스는 이미 『수사학』 4, 23에서 대는 소를 포함한다는 토포스를 언급한다.

40 빗물 저지 소권(actio aquae pluviae arcendae)에 관한 내용이다. 어떤 자가 공작물 등의 설치로 빗물의 자연스러운 흐름을 변경시켜 이웃 토지소유자에게 피해를 입힐 수 있는 상황이 된 경우, 피해의 위험 하에 놓인 그 이웃이 공작물을 설치한 이웃을 상대로 그것의 철거 등 원상회복을 청구하는 소권이다. 이 소권은 피해가 발생하기 이전에 제기되어야 했다. 패소한 피고는 공작물을 철거해야 했는데, 피고 자신이 직접 공작물을 설치한 경우에는 공작물 철거로 원상회복할 의무가 있고, 그 외의 경우에는 원고가 자신의 비용으로 철거하는 것을 수인할 의무가 있었다(D. 39.3.5). 이미 12표법에 이 소권이 규정되어 있었지만(7, 8a), 후대의 법률가들과 유스티니아누스 황제는 이를 더 발전시켰다(D. 39.3[De aqua et aquae pluviae arcendae]).

41 매수인의 추탈담보소권(actio auctoritatis[de auctoritate])으로 악취물(握取物, res mancipi)을 악취행위(mancipatio)를 통해 양수한 자가 제3자로부터 소유물반환소권(rei vindicatio)으로 피소된 경우, 담보인(auctor)으로서 소송상 방어에 원조할 것을 양도인에게 요구할 수 있다. 양도인은 양수인이 제3자에게 추탈(evictio)당하지 않도록 원조하여야 할 의무를 부담한다. 양도인이 원조 의무를 이행하지 않거나 원조했으나 무위로 끝난 경우, 양수인은 양도인에게 실제로 지급된 매매대금의 2배액을 청구할 수 있다.

42 이 법률은 12표법이다. 12표법에 의하면, 양도인의 담보책임이 부동산은 2년, 동산은 1년이었다(12표법 6표의 3: 토지의 점용취득(占用取得)의 권원은 2년이고, 나머지 모든 물건의 그것은 1년이다. auctoritas fundi biennium 〈esto. 'ceterarum rerum' annus esto.〉)(키케로, 『카이키나 변론(*Pro Caecina*)』 19.54; *Gai.* 2.42~44; 2.53~54; Ulpianus, *Regulae*, 19.8). 이 기간이 경과하면 양수인이 점용취득에 의하여 시민법상 완전한 소유권을 취득하기 때

문에 더 이상 추탈의 위험하에 있지 않게 된다. 물건이 도품이거나 양수인이 외국인(hostis)인 경우에는 양수인의 점용취득이 배제되고 양도인의 담보책임은 영속적이 된다(소위 "aeterna auctoritas").

43 법실무에서 해답(responsum, 복수 responsa)이란 제기된 법률 문제에 대하여 법률가가 제시한 법리적 해결이다. 법학 저술의 한 형식이기도 하다.

44 보에티우스는 'tecto in eius'로 보고 있으나, 사본들에서는 'in tectum eius'로 되어 있다. 의미를 고려할 때 보에티우스의 시각을 따르는 것이 타당하다.

45

공동의 벽

갑   을

46 점용취득(usucapio)이란 법으로 정한 일정 기간 이상 타인 소유의 물건을 점유(possessio)함으로써 그 물건의 소유권을 취득하는 것이다. 시민법상 점용취득의 요건은 다음과 같다. (1) 선의(bona fides), (2) 정당한 원인(iusta causa, iustus titulus라고 불린다), (3) 12표법에 따를 때, 부동산은 2년, 동산은 1년의 점유.

47 이 문제의식은 이미 플라톤의 대화편『메논』에서도 엿볼 수 있다(71e 이하). 이곳에서 탁월함이 무엇이냐는 소크라테스의 질문에 메논은 남자의 탁월함, 여자의 탁월함, 남자아이와 여자아이의 탁월함, 자유인과 노예 불문 어른의 탁월함을 언급하면서 수많은 상이한 탁월함이 있다고 한다. 그러자 소크라테스는 약간 비꼬는 태도로("난 참 운이 좋은 것으로 보이네") 하나의 탁월함을 찾았는데 메논 덕에 한 무리의 탁월함을 발견했다고 말한다(플라톤, 이상인 옮김,『메논』, 아카넷, 2019, 24면).

48 정무관이 제안하고 민회에서 통과된 법이다.

49 기존에 '기판물(旣判物)'이나 '기판사항'으로 번역되던 용어이다. 심판인(iudex)에 의해서 결정된 바는 법의 효력을 갖는다는 의미이다.

50 법에 대한 전문지식을 가졌던 사람들은 사인이었다. 그러나 그들의 학설은 로마에서 공인된 법원(法源)으로 인정되었다. 본문에서 그들의 '권위'란 법으로 인정되던 그들의 학설을 의미한다.

51 mos는 맥락에 따라서는 사실인 관습, 즉 '관습'으로 번역될 수도 있으나, 본문에서는 시민법의 부분이어야 하므로 '관습법'이어야 한다.

52 악취물(握取物, res mancipi)은 '손으로 쥐어(握=man[u]) 취득하는(取=capere) 물건'이라는 뜻이다. 그리하여 번역어로는 이 두 요소가 모두 반영된 '악취물'이 취득의 의미가 배제되는 '장악물(掌握物)'이나 '수중물(手中物)'보다 낫다. 가이우스(*Gai.* 1.120)는 악취물을 다음과 같이 예거한다. boves, equi, muli, asini; item praedia tam urbana quam rustica, quae et ipsa mancipi sunt, qualia sunt Italica, eodem modo solent mancipari. 즉 악취물에는 건물, 이탈리아의 토지, 노예, 대가축 등인데, 무체물 중에는 이탈리아 내의 토지 지역권 등이 있다.

53 소유권 등 물권의 이전이 양도(abalienatio)이다. 본문에서 양도의 대상으로 악취물(res mancipi)이 문제된다. 악취물은 농업경제 시기에 중요한 의미를 가지는 물건들이므로 농부들의 재산 평가의 기준이 되었다. 중요한 악취물의 양도를 위해서는 악취행위(mancipatio)와 법정양도(in iure cessio) 두 방식이 필요했다(*Gai.* 2.41). 그런데 12표법에는 양도와 관련하여 'nexum mancipiumque'의 표현이 등장한다. 그리하여 nexum을 mancipium과 같은 것으로 보기도 한다. mancipium과 mancipatio는 또 같은 것인가 다른 것인가 하는 의문도 있다. 자세한 것은 M. H. Crawford, *Roman Statutes*, 2. vol., 1996, pp. 654~656 참조.

본문이 바로 악취물의 양도를 다루고 있는데, 두 가지 방식, 즉 구속행위에 의한 양도(traditio nexu)와 법정양도(in iure cessio)를 언급하고 있다. 다수설은 가이우스의 분류와 상응하는 것으로 본다. 즉 구속행위에 의한 양도가 바로 악취행위라는 것이다. 그 견해에 의하면 즉 mancipatio 또는 같은 의미지만 더 오래된 용어 mancipium이 본문의 'traditio nexu'라는 것이다. 즉 mancipium이 nexum(또는 nexus)이라는 것이다. 다만 다른 저작들에서 키케로가 이 두 용어를 완전히 같게도 약간 다르게도 쓰는 것으로 보인다. 『장복관의 해답에 관하여(*De Harusp. respons.*)』 c 7에서는 재산에 대하여 갖는 권리로 ius mancipii와 ius nexi 두 가지를 언급하는데 두 권리가 동의어이지만 병렬되고 있다고 보거나 ius mancipii 쪽이 협의, ius nexi 쪽이 광의로 보기도 한다. 키케로가 다른 저작(『친구들에게 보낸 서한』 4.30)에서는 두 용어를 동의어로 사용한다. 겔리우스(Aulus Gellius)는 'quodcumque per aes et libram geritur'를 nexum이라 칭하면서 mancipatio는 per aes et libram에 의한 행위라 하였다. 결론적으로 mancipatio도 nexum의 한 유형이라는 것이다.

54 점유에 의한 억류는 유산점유를 의미한다. 유산점유에 관해서는 주석 29를 보라. 유산점유는 법무관법상의 상속으로서 시민법상의 상속과는 상충되어 상속재산에서 빼야 할 부분이다. 그리하여 본문의 상속재산 정의 중 단서 조항에서 부정적으로 고려되고 있다.

55 아퀼리우스 갈루스는 기원전 66년에 법정관 키케로의 동료 법정관이었다.

56 해안(litus maris)은 모든 이의 공통물(res communis omnium: 경제학 용어로 '자유재')이어서 누구라도 접근하여 밟을 수 있다. 그리하여 해안에서 발견되는 진주, 보석 등은 소유자가 없는 무주물이라서 선점(occupatio)하는 자의 소유가 되었다. 해안의 범위는 겨울철 조수의 최고 높이까지이다. 본문에서 키케로는 넓은 의미에서 res communis omnium을 포함하는 의미에서 'publica'라는 용어를 썼다.

57 퀸틸리아누스의 『연설술 교본』, 5권 14장 34절; 7권 3장 13절 참조.

58 귀국복귀권(postliminium)에 의하여 적군에 의해 생포된 전쟁포로는 적의 노예가 되었는데, 노예로 전락한 로마 시민이 로마의 영토 내로 귀환하는 경우, 귀국복귀의 권리에 의하여(iure postliminii) 그가 이전에 가졌던 자유와 모든 권리를 회복하였다. *D.* 49.15; *C.* 8.50.

59 라틴어에서 '티무스'나 '툴리움'은 의미가 없는 어미의 예이다. 특히 '툴리움'을 가지고 세르비우스는 툴리우스, 즉 키케로를 겨냥한 말장난을 하고 있다.

60 기원전 137년에 집정관을 역임한 가이우스 호스틸리우스 망키누스(Gaius Hostilius Mancinus)는 누만티아와의 전투에서 수차례 패배한 후 자의로 그들과 항복조약을 체결하였다. 그러나 로마 원로원은 그 조약의 비준을 거부하고 망키누스를 비난하였고, 그러한 상황에서 원로원이 그를 다시 누만티아에 인도하였으나 누만티아는 수령을 거부하였고 그는 결국 적에게 양여되지 못하였다.

61 법률가들.

62 조합(societas)은 2인 이상의 사람들 간에 손익의 분배를 목적으로 체결되는 동업 계약이다. 조합원은 공동의 사업을 위해 금전, 물건, 권리, 제3자에 대한 채권 또는 자신의 전문적인 기술과 노무를 출자한다. 신의에 기반을 둔 조합관계에서 조합원 사이의 분쟁이 있으면 성의소권(iudicia bonae fidei)인 조합소권(actio pro socio)으로 해결되고 그 소송에서 유책판결을 받으면 파렴치자(infamis)가 되었다.

63 위임(mandatum)은 수임인이 위임인이나 제3자의 이익을 위하여 계약을 체결하거나 무상으로 업무를 수행할 의무를 부담하는 낙성계약이다. 당사자의 신뢰 관계에 기초하기 때문에 한 당사자의 사망, 위임인 또는 수임인의에 의한 해지 등으로 종료되었다. 위임인의 소권은 성의소권으로 수임인이 유책판결 받으면 파렴치자가 됐다.

64 신탁에는 친구와의 신탁과 채권자와의 신탁 두 가지가 있다. 친구와의 신탁(fiducia cum amico)은 "우리들의 물건이 친구의 수중에 있으면 더 안전할 것"(*Gai.* 2.60)이라는 특별한 상황에서 소유권을 양도하는 내용으로 친구와 체결하는 신탁 약정이다. 이러한 약정은 임치 또는 사용대차의 목적으로 이용되었다. 수탁자는 소유권 양도자에게 목적물을 재양도할 의무를 부담했다. 채권자와의 신탁(fiducia cum creditore)은 동산담보의 일종이다. 채무자는 물적 담보의 목적으로 악취행위 혹은 법정양도를 통해 채권자에게 물건의 소유권을 양도했다. 채권자는 채무가 변제된 후에 채무자에게 그것을 재양도할 의무를 졌다. 신탁은 물론 신의에 기반을 둔 제도이기에 신탁소송에서 유책판결은 파렴치(infamia)의 효과를 발생시켰다. 신탁은 전술된 조합, 위임과 더불어 대표적인 신의에 기반을 둔 법률관계이다.

65 사법상 대무인(procurator)은 "타인(본인)의 위임으로(mandatu) 그 본인의 업무를 관리하는 자"(*D.* 3.3.1 이하)이다. 부유한 사람들은 전(全) 재산관리인(procurator omnium bonorum)이 있었는데, 이 재산관리인은 계약에 의하여 특별히 부과된 제한 없이 본인을 위하여 처분권을 포함하는 무제한적 행위권을 가졌다. 통상 그러한 대리인은 해방노예(때로 노예)였다. 후에는 단일업무 재산관리인(procurator unius rei)도 생겨났다. *I.* 4.10; *D.* 3.3; *C.* 2.12.

66 키케로, 『발견론』 1.51.

67 위의 41절을 보라.

68 조성(auctoritas)이란 피후견인(미성숙자, 여성)의 법률행위에 관한 후견인의 요식의 협력행위를 말한다. 가부의 조성(auctoritas patris), 후견인의 조성(auctoritas tutoris)이 있다.

69 전건 긍정식(modus ponens).

70 후건 부정식(modus tollens).

71 긍정적 선언삼단논법.

72 수사학적 추론, 심리(心裏) 추론, 암시 추론 등으로 옮길 수 있다.

73 자연의 필연성 차원이지 논리의 필연성 차원이 아니다.

74 잘 알려진 신화 내용인 이아손에 대한 메데이아의 원망과 죽음 이야기가 인용되고 있다.

75 Lex duodecim tabularum VIII 24a: "SI TELUM MANU FUGIT MAGIS QUAM IECIT, aries subicitur." 최병조, 「12表法(對譯)」(1991), 『서울대학교 법학』, Vol.32 No.1/2, 170쪽의 동 조항 한글 번역은 "무기를 던졌다기보다는 무기가 손에서 빠져나간 경우에는 贖罪用 숫양(雄羊)이 제공된다."

76 이 문구는 신탁소송(actio fiduciae)에서 쓰였다. 정확하게는 'ut inter bonos bene agier oportet et sine fraudatione'이다. 여기에서 'bonus'의 의미를 두고 행동의 윤리성과 관련되는 것인지 사회적 지위인지가 다투어진다. bonus가 윤리 관련이라는 견해로 Giuseppe Falcone, "La formula "ut inter bonos bene agier oportet et sine fraudatione" e la nozione di "vir bonus"", *Fundamina* (Pretoria) vol.20 n.1(2014.1), pp. 258~274.

77 이 재정소송의 방식서 문구는 Otto Lenel, *Das Edictum Perpetuum*, Leipzig, 1927, S.305에 의하여 다음과 같이 재구되었다. "Si paret Numerium Negidium Aulae Ageriae dotem partemve eius reddere oportere quod eius melius aequius erit, eius iudex Nm Nm Aae Aae condemna. Si non paret absolve(피고 某가 원고 某녀에게 혼인지참재산 또는 그 일부를 반환하여야 한다는 것이 판명되는 경우, 더 선량하고 더 형평에 맞게 그녀의 것이 될 바 그것으로써 심판인이여, 피고 모를 원고 모에게 유책판결하라. 판명되지 않는 경우에는 면소판결하라)." 의미 이해와 관련하여 우리 번역도 이 재구를 따른다. 다만, 레넬의 재구도 『토피카』의 66절을 근거로 원용하고 있다.

78 아내 재산(res uxoria)은 혼인지참재산(dos)을 의미한다. 신부나 그 외의 사람, 주로 신부의 아버지가 혼인이 체결될 것을 고려하여 신부를 위해 신랑에게 지급하는 재화이다. 혼인이 종료되면 혼인지참재산이 아내에게 반환되어야 했다. 남편이 문답계약, 즉 아내 재산 반환의 보증(cautio rei uxoriae)을 했으면, 아내는 문답계약에 기한 소송(actio ex stipulatu)을 제기할 수 있었다. 또 지참재산 반환에 관한 무방식의 약정(pactum nuptiale, pactum dotale, instrumentum dotale)도 인정되었다. 그러나 일반적으로는 아내가 혼인지참재산의 반환을 목적으로 하는 특수 소송인 아내 재산 소송(actio/ iudicium rei uxoriae, 본문의 arbitrium rei uxoriae도 이에 해당)으로 남편을 상대로 제소할 수 있었다. 이 소송에서는 심판인이 반환과 관련된 쟁점을 본문에서처럼 특히 형평과 선량에 기하여 처리해야 했다. 즉, 반환이 배우

자 일방의 사망에 의한 것인지 이혼에 의한 것인지, 또 이혼의 경우 남편에게 책임이 있는지 아니면 아내 측에 책임이 있는지 등을 구별하였다.

79 양신(良信, bona fides), 즉 신의성실은 관계들 속에서 효력 있는 객관적 가치원리로서 고전 전(前)시대 전통의 공동체적 자연법의 중심개념이다. 그것은 최고의 원리로서 인간의 공동체의 모든 인접 관계를 지배하였는데, 이러한 자연법상 신의성실의 원칙의 기본사상은, 한 사람이 타인의 이익 실현을 인수하는 즉시, 넓은 의미의 거래에 있어서 손해를 가하지 않을 의무를 부담할 뿐만 아니라, 자신에게 맡겨진 상대방의 이익 실현에 주의를 기울여야 한다는 것이다. 그럼으로써 인간 활동은 가능한 한 최선의 재화 분배에 기여할 뿐만 아니라, 자연이 인간에게 주려고 했던 재화의 활용에도 유용하다. 또 이는 다양한 적용례가 있다. 일반적으로 악의(mala fides), 사의(邪意, fraus), 고의(dolus), 악의(dolus malus)와 반대된다. "신의성실은 약정이 준수되어야 할 것을 요구한다." (Cum venderem fundum, convenit, ut, donec pecunia omnis persolveretur, certa mercede emptor fundum conductum haberet: an soluta pecunia merces accepta fieri debeat? Respondit: bona fides exigit, ut quod convenit fiat: sed non amplius praestat is venditori, quam pro portione eius temporis, quo pecunia numerata non esset. D. 19.2.21). "신의성실은 계약에 있어서 최고도의 형평(aequitas)을 요구한다"(Bona fides quae in contractibus exigitur aequitatem summam desiderat: sed eam utrum aestimamus ad merum ius gentium an vero cum praeceptis civilibus et praetoriis? Veluti reus capitalis iudicii deposuit apud te centum: is deportatus est, bona eius publicata sunt: utrumne ipsi haec reddenda an in publicum deferenda sint? Si tantum naturale et gentium ius intuemur, ei qui dedit restituenda sunt: si civile ius et legum ordinem, magis in publicum deferenda sunt: nam male meritus publice, ut exemplo aliis ad deterrenda maleficia sit, etiam egestate laborare debet. D. 16.3.31pr.) 등의 법규칙이 있다. 부정직하고 부도덕한 것은 신의성실에 반하는(contra bonam fidem) 것으로 여겨진다. 신의성실은 계약법에서 특히 중요한데 일정한 계약들이 체결시에는 물론 의무 이행시에도 상호 신뢰, 정직, 당사자들의 신의에 토대를 갖기 때문이다. 이러한 계약에서 비롯된 쟁송은 정직과 공평의 관점에서 재판된다(선의 소송[iudicia bonae fidei]). 신의성실에 맞게 행위하는 것(예컨대 매수[emere], 매도[vendere], 변제[solvere], 작위[facere] 등) 또는 사실 상황과 관련된 권리

를 행사하는 것(bona fide possidere)은, 자신의 행위가 적법하며 상대방의 권리를 침해하지 않는다는 믿음을 전제로 한다. 단, 자유인이 선의로 자신을 노예로 간주하여 노예로서 행위하는 경우(liber homo bona fide serviens)처럼, 잘못된 믿음은 당사자에게 해로울 수도 있다.

80 위의 주석 65를 보라.

81 위의 8절을 보라.

82 위의 24절을 보라.

83 스토아 철학 맥락에서 쓰이는 희랍어 파토스(πάθος)에 해당하는 라틴어 용어로서 앞에서는 '격정(激情)'으로도 옮겼다.

84 가이우스 아일리우스 스타예누스는 기원전 77년의 재무관으로서 후에 군사 반란죄로 고발되어 유죄 판결 받는다. 키케로는 그를 부패한 심판인으로 비난한 바 있다(『클루엔티우스 변론(*Pro Cluentio*)』65 이하).

85 같은 의미로 키케로는 'consultatio'(『연설가에 대하여(*De oratore*)』3권 109절), 'quaestio infinita', 'genus infinitum'(『수사학 구분』61)라는 용어들도 사용했다.

86 키케로는 아카데미아 학파와 소요학파에서 이미 문제를 이렇게 두 종류로 나누었다고 보고한다(『연설가에 대하여』3권 109).

87 한정되지 않은 문제(quaestio infinita).

88 플라톤, 『메논』에서 이 문제가 다루어졌다.

89 플라톤, 『국가』, 1권 338c에서 트라쉬마코스의 입론이었다.

90 위의 68절 이하를 보라.

91 위의 90절을 보라.

92 위의 84절을 보라.

93 위의 78절을 보라.

94 키케로, 『발견론』2.

95 status(와 στάσις)에 대한 한글 역어로 전통적인 '쟁점' 외에도, '상황'/'상황문제'(최병조, 「고대연설론과 범죄징표론의 분석」, 『로마法研究(I)』, 서울대학교출판부, 1995, 217, 221면), '처지'(키케로 지음, 양태종 역주, 『키케로의 수사학 교본. 화술과 논증』, 유로, 2006, 71면), '균형상태'(티모시 보셔스, 이희복 외 역, 『수사학이론』, 커뮤니케이션북스, 2007, 62면, 80면) 등이 더 있다. 이 책에서 쟁점을 버리고 '대치'를 택한 이유는 그것이 '우군과 적군이 진을 치고 맞서 있다'라는 status의 원뜻에 더 가깝기 때문이다. '상황', '상황

문제', '처지' 등은 아마도 독일어 지역에서 범용되는 역어 'Stand der Dinge' 나 'Position'의 영향을 받은 것으로 추정되는바, '균형상태'와 마찬가지로 맞서 있는 팽팽한 상황을 적절히 묘사할 수 없어서 문제이다. 논쟁을 포함하여 모든 분쟁에서 다투어지는 점이라는 의미의 '쟁점'은 오히려 'constitutio'(『발견론』1.10 참조)의 역어로 더 적합하다.

96 아리스토텔레스가 증명, 테오프라스토스가 스타일에 주력했던 것처럼, 기원전 2세기의 템노스의 헤르마고라스는 법정 공방을 주로 체계화하였다.

97 문답계약(stipulatio)이란 채권자의 질문(interrogatio)과 채무자의 답변(responsio)으로 체결되는 구술의 엄격 계약이다. 예컨대 채권자가 "spondesne centum dare?"(당신은 100숲을 지급할 것을 서약하는가?)라고 질문하면 채무자는 "spondeo"(나는 서약한다)로 답변한다. 답변은 질문과 완벽하게 합치되어야 했다. 문답계약은 금전 지급에서부터 매우 복잡한 급부에 이르기까지 모든 종류의 채무 부담을 위해 체결되었다. 그 예로서는 약혼(sponsalia), 혼인지참재산(dos) 설정, 법무관법상의 담보문답계약(cautiones praetoriae)과 법무관법상의 문답계약(stipulationes praetoriae)과 같은 민사 절차 중의 모든 약속, 경개(novatio), 지시(delegatio), 보증 등을 위해 사용되었다.

98 앞의 주석 2에서도 말했듯이, 로마에서 복수의 권들이 모여 책을 이루는 사정을 고려하여 우리의 감각에 맞추어 libri('권들')를 '책'으로 옮겼다.

99 로마법에서 채굴벌채물(採掘伐採物, ruta caesa)이란 동산으로서 토지 매매 시 제외되어 토지와 함께 이전되지 않는 물건들을 의미한다. *D.* 50.16.241, *D.* 18.1.66.2, *D.* 19.1.38.2.

작품 안내

1. 키케로의 사상에서 수사학

1.1. 키케로의 생애와 이념

마르쿠스 툴리우스 키케로(Marcus Tullius Cicero, 기원전 106년 ~기원전 43년)는 로마 공화정 말엽에 발발한 혼란상을 목격한 증인으로서 로마 공화정체의 사수를 필생의 과업으로 삼았다. 저작 곳곳에서 간취되듯, 그의 우적관(友敵觀)은 비교적 선명하다. 그에게 민중파는 사회를 해하는 병독일 뿐이었다. 출신으로는 기득권 최상층이 아니었지만 로마의 국제를 떠받치는 세력은 선인들(boni viri)일 수밖에 없다고 보았다. 선인이란 나라의 문제를 기존의 제도로 해결할 수 있다고 믿는 보수적인 유산계급 시민이다.[1] 키케로는 선인들에 의해서만 로마에서 원로원, 민회, 정무관의 3륜이 조화롭게 굴러갈 수 있다고 보았다. 그런데 원로원은 심의를, 민회는 의결을, 정무관은 집행을 한다. 마지막의 집행은 실력행사(actio)지만, 앞의 둘은 연설(oratio)이다. 키케로가 생각한 이상적 정부 운영은, 실력에 의한 문제해결이 아니라 선인들의 연설로 나라의 근본이 서는 때에만 가능하다.

키케로 자신도 선인이 되기 위한 필수적 기본 소양으로 법, 문학, 역사, 철학, 수사학[2] 등을 청년기에 익혔다. 이 과목들은 물론 로마에서 정치적 성공을 위해 필수적인 것들이었다. 그는 로마에서 공부한 바를 심화하기 위하여 희랍과 소아시아에서 유학하였다. 기원전 77년 나이 서른이 채 되기 전 귀국한 그는 정가에서 승승장구하였다. 특히 연설로 이름을 떨쳤는데, 법정에선 승률이 좋았고 원로원이나 대중집회(contiones)에선 청중을 사로잡았다. 대중집회, 원로원, 법정에서 그가 행한 106편의 연설문

---

1   특정 맥락이 아니라면 키케로의 사상에서 선인을 일반적으로 트리부니 아이라리이(tribuni aerarii) 등으로 축소 해석할 수는 없을 것이다.

2   '(techne) rhetorike'는 후에 문학의 문채와 문체를 다루는 영역으로 한정적으로 발전하는 바람에 '수사학'이라는 용어에 대한 협소한 인상이 생겨났다. 그러나 우리말 '수사(修辭)'를 그렇게 좁게 이해할 이유는 전혀 없으므로, '수사학'을 사용하는 데 문제는 없다. 더 나아가 라틴어 용어 'ars oratoria'도 의미는 연설술이거니와 '수사학'으로 옮길 수 있다.

중 현재 58편 정도가 남아 있다. 이어서 기원전 70년 속주 시킬리아에서 가렴주구로 악명을 떨쳤던 베레스(Verres)를 자신의 고발 연설로 몰락시켰다. 로마 공화정기 말 노골적 폭력이 난무하던 기원전 63년에는 집정관으로서 국가 로마의 근본을 뒤흔든 카틸리나(Catilina)가 이끈 반도들을 토벌하고 난을 평정함으로써 정당하게도 '조국의 아버지(parens patriae)'라는 별칭까지 얻는다. 그러나 작용에는 반작용이 따르듯, 카틸리나 반란의 진압에서 적법절차를 준수하지 않은 일이 빌미가 되어 오히려 정치적 기반을 상실하고 권력을 잡은 정적들의 압박으로 망명한다. 그런데 이때가 개인에게는 재앙이었겠지만 역설적이게도 그의 가장 생산적인 연구와 저술 시기가 된다. 다시금 여유로워진 그는 기원전 55년부터 걸작들을 남기게 되는데, 정치철학적, 법철학적 저작인 『법률론』(기원전 52년)과 『국가론』(기원전 51년)을 내기 전 수사학영역의 대표작 『연설가에 대하여』를 기원전 55년에 공간하였다. 기원전 50년에는 로마로 복귀하는데, 내전이 일단락된 후 평소의 신조에는 어긋나는 듯하지만 카이사르의 편을 든다. 45년 2월에 키케로는 참척의 고통을 겪는다. 금지옥엽 딸 툴리아(Tullia)를 잃은 키케로는 그 고통 때문인지 철학에 더 천착한다.[3] 이즈

---

3 당시의 저작 『예언에 관하여(*De divinatione*)』 2권 1~4절에서 키케로는 자신의 임무를 로마 시민들에게 수준 높은 학문을 제공하는 데 있다고 밝힌다(키케로, 강대진, 『예언에 관하여』, 그린비, 2021, 131~133면).

음 『아카데미아 학파』[4]를 내는데, 희랍어 학술용어를 위해 여러 라틴어 역어를 고안하여 로마의 희랍 철학 수용에 큰 공헌을 한다.[5] 이어진 정쟁에서는 제2차 삼두의 표적이 되어 극형인 재산 몰수를 당한다. 그 후에도 그때까지 성취한 업적에 걸맞지 많게 처절한 치도곤을 당하다 결국 기원전 43년 정적 안토니우스의 명으로 처형되어 효수되기에 이른다. 평생 공화정적 · 로마적 가치의 회복에 헌신하여 어느 정도 소기의 업적을 이루었으나, 제정으로 향한 역사의 도도한 흐름은 결국 역행하는 그를 집어삼켰던 것이다.

1.2. 키케로에 있어서 수사학

주권의식을 갖추었던 평등한 시민들로 이루어진 희랍과 로마에서 연설은 기본적으로 민주정 운영에 필수불가결의 기술로 여겨졌다. 다만 수사학 자체는 구체적 상황에 따라 진작, 허용, 탄압을 오갔다. 로마 당국도 처음엔 수사학이 로마의 선량한 풍속에 맞지 않는다고 판단하여 그것을 가르치는 교사들을 금압하였

---

4 국역은 키케로, 양호영 옮김, 『아카데미아 학파』, 아카넷, 2021.
5 아리스토텔레스를 포함하여 희랍의 정신재가 로마로 들어온 것은 학자인 키케로의 친우 아미소스의 튀란니온 등에 의한 자발적 수용 말고도, 술라와 루쿨루스의 군사행동 시 지적재산의 대규모 약탈에 의해서 이루어졌다.

으나 결국 공화정 후반 수사학이 큰 인기를 끌게 된다. 지중해에서 카르타고를 제압하면서 로마가 세계적 패권국가로 떠오르자 희랍으로부터 도래한 철학 사상 및 수사학 이론과 대결하지 않을 수 없었던 것이다.

키케로의 사상과 활동 지형에서 수사학의 위치는 공화국 로마의 정치현실의 측면뿐만 아니라 이러한 희랍의 압도적 영향하에 있던 사상적 측면 모두를 고려해야 파악할 수 있다. 그 자신이 정치 연설과 법정 변론에서 공히 탁월한 재능으로 두각을 나타내었고, 그의 연설은 산문 저술과 함께 현재까지도 고전적 전범으로 인정받을 정도지만, 연설의 실천뿐만 아니라 연설 이론의 탐구에도 노력을 경주하여 그 결과를 발표하였다. 키케로의 저술은 그야말로 당시 학술의 모든 영역을 포괄하는데, 철학서, 정치학 서적, 서한집 외에 『발견론』, 『연설가에 대하여』, 『브루투스』, 『연설가』 등 수사학 이론서도 있으며, 그가 남긴 다수의 연설집은 바로 자신이 직접 담당했던 사건의 연설 또는 변론이다.

청년기에 쓴 작품으로 기원전 85년의 『발견론(De inventione)』[6]이 있다.[7] 기원전 1세기 초 희랍의 철학자 라리사의 필론이나 연

---

6 종래 '착상'이라는 역어가 애용되었으나, 새로운 생각이나 구상이 머리에 떠오른다는 의미에 불과하여 논거 발견의 장이라는 맥락이 탈락한다는 단점이 있다. 원의에도 가깝고 더 적확한 '발견'을 역어로 선택했다.
7 그 밖에 『헤렌니우스를 위한 수사학(Rhetorica ad Herennium)』은 오랜 기간

설가이자 수사학 교사 몰론[8]이 로마에 왔을 때 키케로는 상당 기간 두 사람을 사사했다. 라리사의 필론은 당시 신아카데미아의 수장으로서 철학에 더하여 수사학에서도 키케로에게 지울 수 없는 영향을 주었는데(키케로, 『투스쿨룸 대화』 2권 9절), 그 방증이 바로 키케로의 『발견론』이다. 『발견론』은 수사학 관련 첫 작품으로 키케로의 난숙한 경륜을 보여주진 못 한다. 독자적인 이론적 반추의 결과라기보다 수사학 교사들의 강의를 듣고 작성한 강의록의 성격이 강하다. 다만 키케로는 다수의 수사학 개념을 번역하여 소개함으로써 라틴어 독자에게 희랍적 내용의 이해도를 높여주었다.

『발견론』에서 시작된 사상적 역정에서 희랍 철학의 제자이면서 연설가이자 수사학 이론가이기도 한 키케로가 아리스토텔레스에 의하여 틀이 잡힌 수사학을 어떤 경로로든 접했을 것으로 보인다. 다만, 특수로마적인 전통을 견지하는 전제하에서 흡수했다. 수사학을 더 포괄적인 로마의 교양 내지 교육 체계의 일부로 본 것이다. 그러한 그의 방향성은 후반부 저작들인 『연설가에

동안 키케로의 저작으로 알려져 있었으나 지금은 반박되었고, 정체를 알 수 없는 무명씨의 작품으로 여겨진다. 다만 수사학에 관한 희랍 이론을 충실히 반영한 점에서 『발견론』과 함께 참조하여야 할 중요한 작품이다.

8 Molon. 로도스에서 이미 유명한 연설가로서 로마에 왔다. 로도스의 아폴로니오스(아폴로니우스 로디오스)라고도 불렸다. 물론 『아르고호 이야기 (Argonautica)』의 저자와는 다른 인물이다.

대하여』, 『브루투스』, 『연설가』 등에서 더욱 분명하게 드러난다. 아리스토텔레스 수사학에서 후대에 철학적 맥락이 탈색된 것은 큰 부분 키케로가 원인이었다.

더 나아가 키케로는 자신만의 확고한 수사학관이 있었다. 그에게 연설만의 전문가인 연설가는 없고, 완벽한 연설가는 모름지기 다양한 학문 분과에 조예가 완전해야 한다. 스스로 초중량급 연설가였던 키케로가 원했던 것이 수사학의 복권이라고 할 수도 있겠으나, 그보다는 로마인 키케로의 이상적 인간상에 수사학이 빠진다는 것을 도저히 상상할 수 없다는 게 더 적확할 것이다. 보편적 교양을 익히고 철학적 지혜를 갖추고 시민법 지식이 있어도 말을 잘 못한다면 로마 사회에서 요구되는 선인이 될 수 없다는 말이다.

당시 로마가 접하고 큰 영향을 받았던 희랍의 철학 사조는 인식의 확보와 진리의 발견을 목적으로 하는 논리학이나 변증술보다 수사학에 낮은 지위를 부여하였다. 희랍에서 수사학에 대한 플라톤과 이소크라테스의 분규에서 명확히 드러난, 희랍에서부터 이어지던 철학과 수사학의 관계에 대한 뿌리 깊은 논쟁을 고려하면 수사학의 지위는 사상가에 따라 천차만별이었음도 이해할 수 있다.

그러나 어찌됐든 소크라테스로부터 플라톤에 이어지는 사상의 주류에서 철학의 정립이 이루어지면서 수사학은 그 지렛대에 지나지 않는 것으로, 진리의 발견과는 직접 관련이 없는 것으로 폄하되기도 했다. 아리스토텔레스에게서 수사학은 이전보다 상당한 정도 복권되었지만, 여전히 학적인 엄밀한 증명을 위한 목적을 갖지는 못 한다. 통념(endoxa)을 대상으로 하는 변증술을 수사학이 원용할 수는 있으나 수사학의 목적은 청중의 설득이라는 목적에 본질적으로 제약되었다.

이러한 배경에서 키케로는 아카데미아적 찬반양론 방법이라는 회의주의의 영향 아래서 이론적 목표를 자연스럽게 수사학의 지위 제고로 삼았다. 물론 로마에서 국정을 담당한 자들의 연설 능력 배양은 독자적 전통으로 존재해왔다. 그와는 달리 희랍 철학의 세례를 받은 키케로는 연설에 관해서도 희랍 사상재를 받아들이되 어느 정도 로마의 가치를 투영하여 가공함으로써 현실적 사유 세계를 구축한 것이다.

정치적으로 패퇴기라서 시간적 여유가 있었던 기원전 55년에 출간한 『연설가에 대하여』에서 로마인 키케로는 다시 한 번 철학과 수사학을 떨어질 수 없는 결합관계로 보았다. 여기에서도 키케로의 완벽한 인재는 이상적 연설가여야 했다. 반대로, 완벽한 연설가라면 형식과 내용, 기술과 재능을 두루 갖추어야 했다. 수사학을 술책으로서의 기교로 보지 않고, 완벽한 연설가가 되려면 문·사·철에 더하여 시민법까지 통달해야 한다고 보았다.[9] 완벽한 연설가는 철학의 높은 경지에 올라서도 은둔하기보다는 법정, 민회, 원로원에서 뛰어난 연설 능력을 바탕으로 정치 활동을 적극적으로 펴는 사람이다. 물론 여러 사정상 정치 일선에서 물러나는 은퇴(otium)의 가능성까지 부정하는 것은 아니지만, 키케로가 가장 강조하는 것은 뭐니 뭐니 해도 'res publica(인민의 것, 공공의 것, 국사[國事], 국가)'다. 그 가치를 수호하는 것이 'vita activa(실천정치를 추구하는 삶)'다. 이러한 사유의 발전으로 심지어 자신이 젊었을 때 썼던 『발견론』을 깎아내리기까지 한다.

그 후 기원전 46년과 45년에는 『브루투스』와 『연설가』를 각각 썼다. 이 작품들은 매우 실용적이고 구체적이어서 로마적 색채가 더 강하다는 면에서 이론적 내용에 치중된 『연설가에 대하여』와 다르다. 더 나아가 두 작품에서는 이른바 '아시아 스타일'을 강조하는 듯한데, 이 점에서도 『연설가에 대하여』와 구별된다. 이 작품들에서는 철학을 갈고닦은 학자 키케로보다 현장에서 각종 연설을 도맡던 연설가 키케로의 입장이 더 돌출된다.

『토피카』 집필 전의 수사학 관련 작품들에서 키케로의 수사학에 대한 입장의 전모를 읽어낼 수 있다. 그는 아리스토텔레스에서 완성된 고전적 수사학 이론을 체화했지만 몰론의 실용주의적 수사학에 가까운 입장을 취했다. 그런 연유로 스토아 수사학에

---

9 『연설가에 대하여』 1권 45절에서 73절; 3권 142절과 143절. 특히 159절에서 크라수스의 주장 참조.

는 비교적 평가가 박했다. 스토아의 덕을 강조하는 입장과 수사학에서조차 강조되던 스토아적 간결함에 더하여 그 학파의 번쇄한 변증술에 의해 오히려 진리 발견이 저해된다고 보았다. 이러한 시각에서 키케로는 『토피카』에서도 스토아 학파가 변증술에만 과하게 신경 쓰고 논소술은 소홀히 하여 실용성을 놓치고 있다고 비난하기까지 한다.

2. 희랍과 로마의 논소 탐구 전통과 키케로

2.1. 논소란?

논소[10] 또는 그 기원이 되는 희랍의 토포스란 논거가 찾아지는

---

10 논소(論所)는 라틴어 '로쿠스(locus)'의 역어다. 로쿠스와 그 모델이 되었던 희랍의 토포스(τόπος) 두 개념이 완전히 동일한 맥락에서 쓰이지 않았기 때문에, 토포스는 그대로 두고 다만 키케로 작품인 이 번역서에서만큼 로쿠스를 '논소'로 옮겼다. 편의적일 수 있지만, 희랍에서도 토포스는 사상가마다 쓰이는 맥락이 있어 그 이해와 번역은 여전히 그 영역의 전문 연구자에게 일임하는 것이 나을 것이다. 로쿠스는 특히 연설 및 논쟁에서 논거를 찾을 수 있는 장소를 의미하므로 '소(所)' 자에 있는 장소라는 의미를 활용하여 '논소'라는 용어를 고안하였다. 다수의 역자가 창고의 의미를 택하기도 하는데 장소는 반드시 창고일 필요는 없기에 '고(庫)' 자는 배제하였다. '터'는 특히 건축과 관계된 말이라 배제하였다. 역어로 아예 '장소'를 고려하였으나,

88

장소다. 키케로의 작품에 본보기가 된 아리스토텔레스의 작품도 표제는 '토피카'이다. 희랍 수사학에서부터 토피카(논소술)란 '토포스(논소)의 기술', 즉 토포스(논소)를 수단으로 논거를 찾는 기술'이다. 키케로는 자신이 아리스토텔레스가 토대를 놓은 이 전통하에 서 있다고 믿었다. 자기『토피카』를 아리스토텔레스『토피카』에 대한 해설서로 보고 있음도 알 수 있다(2절). 물론 키케로의『토피카』는 연설에 방점이 찍혀 있는바, 아리스토텔레스의『수사학』과도 큰 관련성이 있다. 아리스토텔레스는 자신의『수사학』에서 토포스를 '요소(στοιχεῖον)'라고 부르면서 논변을 설득력 있게 만들어주는 형식(틀)이자, 수사학적 추론이 구성되는 표지(지침)로 보았다. 키케로도 아리스토텔레스의 이해를 따른다.『토피카』7절에서는 논소를 논거들이 발견될 수 있는 '자리(sedes)'라고 표현하며, 25절에서는 논소를 요소와 같은 것으로 보면서 논거를 발견하기 위한 지시(significatio)와 명시(demonstratio)로 설명한다.[11]

사법적[12], 심의적, 전시적 등 모든 연설에서 연설가는 주장

논증과 관련되어 있으므로 '논' 자를 구성 부분으로 살렸다. 종래 여러 시도들은 장소라는 의미를 살리지 않은 점에서 문제가 있었다.

11 그 장소는 많은 사냥감을 발견할 수 있는 사냥터(『연설가에 대하여』2권 147절)도 될 수 있고, 많은 개별 보물들을 발견할 수 있는 매장재산(thesaurus)(『최고선악론』4권 10절)도 될 수 있다.

12 문답법 즉 변증술은 사법 영역에서 기원하였다. 선사시대로 소급하는 것으

의 논증(argumentatio)에서 자기 주장을 보강(confirmatio)하고 상대방 주장을 반박(refutatio)하는 논거(argumentum)를 사용하여 신빙성(fides), 즉 청중의 확신을 확보해야 한다. 논거를 찾을 때 논거들이 모여 있는 관념적 장소를 상정할 수 있다. 일종의 은유로서의 그 장소가 바로 논소인데, 그 '곳'에서 논거들은 찾기 쉽게 체계적으로 분류·배열되어 있어야 한다. 아리스토텔레스 이래 고전 수사학에서 연설자는 발견(inventio)이라는 단계에서 이러한 장소, 즉 논소에서 설득을 위한 논거들을 찾는다.[13] 많은 경우 논거와 그것이 찾아지는 논소는 혼용되기도 한다.

논소는 특수 논소와 일반 논소로 나뉜다. 특수 논소는 특정의 영역에서 사용되는 논소이다. 예컨대 '법의 무지는 용서되지 않는다' 같은 것이 법 영역에서 쓰이는 대표적 특수 논소이다. 논쟁이 벌어지는 상황이 이러한 특수 논소의 사용을 필요로 하는 경

로 추정된다. 인간 사회의 분쟁은 실력이 아니라 제도적으로 해결되어야 했다. 그러한 법적 분쟁은 사회적 경쟁으로서 나의 것을 확보하기 위하여 경합하는 타인을 격퇴하는 것이다. 사회 전체가 혼돈과 분란의 장이 되지 않으려면 승패, 즉 권리 배분의 확정("iuris aequa discriptio", 『의무론』, 2권 15절)을 통하여 질서를 잡아줄 사법제도 및 법정이 필히 설치되어야 했다.

13 아리스토텔레스, 『수사학』, 2권 22~23장(1395b~1400b). 22장은 수사학적 추론(엔튀메마)에 관하여, 23장은 공통의 토포스들에 관한 내용이다. 퀸틸리아누스, 『수사학 교본』 5권 10절도 참조.

우가 물론 있지만, 우리에게 더 중요한 것은 영역을 가리지 않고 거개의 사례에 일반적으로 쓰일 수 있다 하여 '일반 논소(loci communes, κοινοὶ τόποι)'라고도 불리는 부류이다. 예컨대 '대는 소를 포함한다' 같은 것이다. 키케로의 『브루투스』 46절과 47절에 따르면 일반 논소는 희랍의 고르기아스나 프로타고라스에게 까지 소급되는 개념인데, 다수의 사안에 적용될 수 있는 논거들[14]이라는 의미이다. 많은 경우, 라틴어는 전치사 de, a, ex 등(『토피카』나 『헤렌니우스를 위한 수사학』 2권 26절 참조. 희랍어 전치사는 περί)으로 표현된다.[15]

수사학자는 우선 저마다 구분된 일목요연한, 탈루가 있을 수는 있음에도 나름의 논소 목록을 제시한다. 물론 더 통용되는 논소들이 있을 수 있지만 서로 완벽하게 일치하는 논소 목록을 합의할 수는 없을 것이다. 만일 정돈된 논소들을 잘 익힌다면 연설의 적재적소에 논소를 적용할 수 있을 것이다. 희랍에서 개발되었다고 알려진 기억술과도 관련된다. 그것이 『토피카』가 언제든지 찾아볼 수 있는 참고서로 기능할 수 있는 이유이기도 하다. 논소는 수사학이 완숙한 지경에 이른 후대에는 희랍에서나 로마에서 연설 연습(희랍어권의 προγυμνάσματα와 라틴어권의

---

14 『발견론』 2권 48절: "Haec ergo argumenta, quae transferri in multas causas possunt, locos communes nominamus."

15 『연설가에 대하여』 1권 56절; 1권 86절; 2권 67절.

declamationes) 시간에 활용될 수 있었다.

그런데 특수한 사례에만 적용되는 논소 말고 추상적·일반적·형식적 논소들은 다시 '불확실한 사항의 강조(amplicatio dubiae rei)'(『연설가에 대하여』 2권 135절 참조)와 '확실한 사항의 강조(amplicatio certae rei)'의 두 부류로 나뉜다. 불확실한 사항의 강조는 찬성이든 반대든 양편에서 변론할('in utramque partem') 수 있어야 하며 철학 영역에서 오랫동안 연습되어온 것이다. 소위 '테시스(θέσις)'라 불리는 일반 논소인데, 키케로는 이 테시스를 라틴어로 quaestio, consultatio, infinita consultatio, propositum, quaestio quacunque de re, universi generis quaestio, universi generis communis quaestio라고 불렀다. 친구에게 보낸 편지를 보면 키케로 자신도 성인이 돼서까지 연습했음을 알 수 있다.[16] 확실한 사항의 강조는 약간 다른 맥락에서 사용된다. 토론 형태의 문답으로 이루어지는 불확실한 사항의 강조의 방법과는 달리, 보통 칭송과 비난의 연설에서 쓰이는데, 때론 합리적 추론을 통해서 또는 감정을 부추김으로써 행해진다.[17]

---

16 『형제 퀸투스에게 보낸 서한』 3.3.4; 『아티쿠스에게 보낸 서한』 9.4.

17 locus communis에는 '다양한 사안에 적용될 수 있는 상투적 문구'라는 의미도 있으나 여기서는 논외로 한다.

2.2. 키케로의 전통 승계: 토포스와 문제

희랍에서 토포스는 이미 기원전 5세기 소피스트들에 의하여 사용되었다. 토포스 논의의 창시자로 알려져 있는 아리스토텔레스는 토포스를 변증술 쪽에서도 수사학 쪽에서도 다루고 있다. 아리스토텔레스의 저서『토피카』는 철학적 맥락에서 타당한 논증을 하기 위한 전략을 다룬다. 반면 아마도 수강생의 강의록을 저본으로 했을 그의 다른 저서『수사학』은 공적인 연설술 영역을 다룬다. 다양한 종류의 토포스를 제시하며 연설가가 청중을 설득하기 위하여 그것들을 어떻게 사용할지를 설명한다. 두 저서에서 토포스는 변증술과 수사학에서의 효과적인 논증을 위해 필요함을 밝힌다. 변증술에서는 토포스가 통념의 추론을 위한 방법으로 제시되며, 개념 설명 및 검증을 통하여 오류들을 제거한다고 설명된다. 이러한 아리스토텔레스의 관점이 언어학, 문법학뿐 아니라 수사학과 관련해서도 후대에 막대한 영향력을 발휘한다. 특히 그는 플라톤 등 이전의 희랍 철학자들과 달리 수사학을 현장에 국한된 용처 분명한 실전 기교로만 보는 데 그치지 않고 철학 연구로 격상시킨 것이다. 키케로도 그러한 생각을 공유한다. 물론, 앞서 말한 대로, 아리스토텔레스의 생각을 그대로 추수하지는 않는다.『토피카』에서 한편으로는 논증을 위한 최적의 방법을 모색하기도 하지만, 동시에 자신의 로마적 이상에 관한 이론적 고찰을 정리한『연설가에 대하여』의 입장, 즉 '완벽한 연설가가 완전한 선인'이라는 원칙도 관철시킨다.

키케로는 더 나아가, 마찬가지로 아리스토텔레스의 영향인데, 그의 분류법을 이어받아 연설에서 해결해야 할 '문제'를 일반 문제(quaestio infinita)와 특수 문제(quaestio finita)로 나눈다. 이 구분은『토피카』에서 그가 사용하기 전 이미『발견론』1권 8절과『연설가에 대하여』2권 145~146절에서 소개하고 있는바, 키케로의 수사학 이론 전체에서 확고한 도식이다. 그는 후자에서 특정 주제를 취급하는 특수 문제를 기본으로 하여[18] 일반 문제로 나아간다. 일반 문제는 헤르마고라스 이래 수사학 영역에서 핵심 주제이다.『연설가』45~46절,『연설가에 대하여』2권 134~135절에서는 일반 문제를 풀 수 있어야 특수 문제도 풀 수 있다는 이유에서 특수 문제(ὑπόθεσις,『연설가에 대하여』의 'causa'는 'ὑπόθεσις'이다)에서 구체적이고 개별적인 상황들을 제거하면서 일반 문제(θέσις)[19]화하여 문제를 해결해야 한다고 하였다. 특수한 문제가 주어진 연설가는 문제를 그 자체로 푸는 것이 아니라 일반 문제로 바꾸어서 풀어야 한다는 것이다. 반대로 '탐욕(avaritia)'이라는

---

18 특수 문제의 분류를 예컨대『발견론』(1권 34~43절)에서는 사람(persona)과 행위(negotia)로 나눈다.『연설가에 대하여』(3권 109~25절)에서도 논소들의 목록을 제시한다.

19 『연설가에 대하여』2권 136절에서는 일반 문제를 'loci'로 부른다.

일반 문제를 특수 문제(모시 모처에 발생한 횡령 사건)에 적용하는 것이 중요한 연습 대상이 되기도 한다. 그리하여 연설 연습을 하는 자들은 일반 논소들을 반드시 갖추어야 할 연모로 삼았다. 사악한 것은 일반화시켜서 공격하고, 선한 것도 일반화시켜 상찬하여야 한다(『헤렌니우스를 위한 수사학』 2권 47절). 그리하여 여기서 강조(=과장, amplificatio)가 두드러진다. 강조가 포함된 일반 논소는 논쟁적 주제도, 증인의 신빙성 같은 법적인 주제도, 운의 변덕과 같은 도덕적 주제도, 신들과 같은 철학적 주제도 모두 가능하다.

3. 『토피카』 소개

3.1. 작품의 배경과 수신자

『토피카』 전체에서 키케로 논술을 헌정받은 상대방은 법률가 트레바티우스(Gaius Trebatius Testa)이다. 트레바티우스는 『로마법대전(Corpus iuris civilis)』 중 『학설휘찬(Digesta)』(1.2.2.45)에도 등장하는 법률가이다. 기원전 50년부터 활약했으며 로마의 위대한 법률가 세르비우스(Servius Sulpicius Rufus) 및 코르넬리우스 막시무스(Cornelius Maximus)의 제자로서 법률지식이 탁월했던 것으로 알려져 있다. 키케로가 논거 발견에 대한 내용을 주로 법적 실례들로써 해설하는 이유다. 트레바티우스는 로마의 피비린내 나는 내전에서 살아남아, 기원후 4년까지 살면서 아우구스투스가 된 옥타비아누스에게까지 쓰였다.

당시 저술 사정은 『토피카』에서도 묘사되고 있다. 한번은 키케로의 술친구이기도 한(『친구들에게 보낸 서한(*Epistulae ad familiares*)』(6~18; 특히 7.22) 트레바티우스가 키케로의 서재에서 아리스토텔레스의 저작 『토피카』를 찾아내 관심을 갖고 키케로에게 그 내용을 간명하게 가르쳐달라고 부탁한 적이 있고 키케로는 트레바티우스에게 아리스토텔레스 저작에 대한 해설을 약속하였다. 말하자면 키케로는 법률가 트레바티우스에게 진 문채(文債)를 갚으려 저술에 나선 것이다. 그런데 키케로도 트레바티우스에게 뭔가 받을 게 있었다. 트레바티우스가 키케로에게 전문적 지식에 기반을 둔 법적 조력을 하고 있었거나, 또는 트레바티우스가 카이사르의 측근이라서 키케로와 카이사르 사이에서 일정한 매개 기능을 하고 있었을 것이다(카이사르와 관계가 악화되기 전 키케로는 트레바티우스를 카이사르에게 추천하여[『친구들에게 보낸 서한』7.5] 갈리아에서 법률고문 역할의 참모로 일하게 한 바 있다. 키케로와 카이사르의 관계가 틀어진 후에도 트레바티우스는 그 둘을 연결하는 끈으로 남아 있었다). 더 나아가 카이사르가 — 처음부터 적극적으로 참여한 것은 아니지만 — 원로원파로서 폼페

이우스 편을 들었던 키케로에게 큰 복수를 하지 않고 사면을 한데에는 트레바티우스의 중간 매개 역할이 결정적이었을 것이다(『친구들에게 보낸 서한』 4.1.1[기원전 49년 4월]).

기원전 44년 3월 보름(Ides)에 발생한 독재관 카이사르의 운명적인 암살 후, 권력 획득의 기회만을 호시탐탐 노리던 공화파나 카이사르 후계자들 모두 키케로의 동맹이 되길 거부했다. 카이사르 후계자들이 공화주의를 공언하던 키케로를 적대시했음은 물론, 공화주의자들마저 키케로를 자기편에 두지 않았다. 그리하여 같은 해 5월 열패감에 사로잡힌 키케로는 이탈리아를 떠나 희랍에 머물고자 했다. 여전히 희랍 문명의 중심이었던 아테나이는 자신도 청년기에 유학했던 곳이며 기원전 44년 현재 아들 마르쿠스가 대를 이어 공부하고 있던 곳이었다.[20] 아마 별일이 없었으면 그해 열릴 예정이던 올림피아 경기도 관람했을 것이다.

와중에 여정이 바뀌었다. 당시 브린디시움에서 출발하는 것이 일반적이었으나 그쪽 길에서 정적 안토니우스가 목을 지킬 수도 있었기 때문에 위협을 느낀 키케로는 대신 반도의 서쪽 해안을 따라 내려가는 길을 택했다. 그는 중간에 파르메니데스와 제논

---

20 『의무론』 첫 부분에 아테나이에 유학 갔지만 공부에 심드렁해하는 아들을 향한 키케로의 훈계성 격려가 흥미롭다.

의 활동지였던 벨리아(Veleia, 희랍어로 Ἐλέα)를 방문하는데, 트레바티우스의 빌라에 들르면서 집필을 결심한 듯하다(그 때문에 트레바티우스의 고향 벨리아가 우연찮게 변증술의 고향인 점이 흥미로운 이야깃거리가 되었다).

『토피카』는 생산성이 극에 달했던 그의 장년에 쓰인 것이지만 키케로가 희랍으로의 도피 중 선상에서 계획 없이 쓴 작품이라 저작의 분량이 크지 않다. 다른 자료나 공구류 서적 없이 기억력에만 의지해서 쓴 것이라 글이 다듬어지지 않았고, 제시된 예들이 빈약하며, 사례와 설명이 겹치기도 한다(설명이 1회로 그치지 않고 한 번 더 이루어진다). 짐작컨대 배에서 달리 할 일을 찾기보다는 글 쓰는 일을 그나마 의미 있는 일로 여겼을 것이다.

이렇듯 이 작품은 키케로가 친구인 트레바티우스를 위하여 수행한 사적 과제이자 공간(公刊)을 염두에 둔 것(72절)이다. 법률이 아닌 일반적 문제를 다룬 사례도 들어 있지만(25, 41, 51, 56, 67, 72, 100절), 실례들이 대부분 로마법 영역에서 취해졌다(32, 41, 44, 45, 65, 66절). 저작에 원용된 정도의 법률 지식은 키케로가 아니라도 당시 로마에서 일반적 교양을 갖춘 독자라면 누구라도 무리 없이 이해한 것으로 추정된다.

3.2. 작품의 성격

키케로가 플라톤의 저작 『티마이오스』는 번역하였으나, 『토피카』가 동일 표제 아리스토텔레스 작품의 번역은 물론 아니다. 『토피카』 1절에서 키케로 스스로 이 저작의 모본이 아리스토텔레스의 『토피카』라고 밝히고는 있으나 연관성이 불분명하여 키케로가 서재에 갖고 있던 책이 아리스토텔레스의 『토피카』가 아니라 『수사학』이었다거나, 포세이도니오스나 안티오코스 시기에 로마에서도 널리 보급되었던 변형되고 속화된 『토피카』라는 견해도 있다. 어떤 경우든 키케로는 『토피카』로써 아리스토텔레스가 자신의 『토피카』에서 추구한 것과는 다른 목표를 추구한다. 학적 토대의 수립이라는 목적을 갖는 아리스토텔레스는 논리학의 두 가지 목표를 참과 개연성으로 설정한다. 개연성을 목표로 해서는 변증술과 수사술 능력이, 참을 목표로 해서는 분석론과 철학의 능력이 필요하다. 아리스토텔레스는 개연성을 확보하기 위하여 『토피카』에서 변증술적 논변의 규칙들을 다루고 있지만, 키케로의 『토피카』는 논소들의 실제 사용 자체의 적실한 방법을 모색한다. 그리하여 『토피카』에서 제시된 것도 로마 현실에서 가장 빈번히 문제되던 법적 실례들이다.

그런데 아리스토텔레스도 『수사학』에서 수사학을 변증술의 대응물(antistrophos)이라고(1354a1), 변증술의 한 부분이라고 하였다(1356a30~31). 해석의 문제지만, 적어도 아리스토텔레스에게 수사학의 위상이 변증술과 어느 정도 동등함을 알 수 있다. 변증론에 의한 타당한 결론이라 하더라도 수사학이 받쳐주지 않는 한 상대를 설득시킬 수 없을 터이고 변증술 자체도 의미가 없게 될 것이다. 그런데 아리스토텔레스의『수사학』처럼 연설에서 청중의 설득을 위하여 실제 필수적인 것이 무얼까 하는 반성이 키케로『토피카』의 주된 내용도 아니다. 아리스토텔레스『수사학』 1358a10~17(1권 2장)의 논소 구분을 원용하면서, 정당화 논거들을 획득하기 위한 논소들 정리가 작품 대부분을 차지한다. 진정한 수사학적 고려, 즉 실제 연설에서 주목할 바는 끝부분에서 짧게 제시될 뿐이다.

『토피카』는 기본적으로 아리스토텔레스가 정립한 고전적 수사학 이론에 기반을 두고 있다. 앞에서도 언급했듯이, 키케로는 신아카데미아 필론의 수사학 이론의 영향도 받았다. 다만『토피카』와 여타 키케로의 수사학 관련 저술이 구체적으로 아리스토텔레스, 신아카데미아 회의론, 또는 스토아 철학 등의 사유에 얼마나 영향을 받았는지는 앞으로의 연구 과제이다.

수사학과 철학은, 이소크라테스와 플라톤의 대립에서 가장 확연했던바, 오래전부터 갈등 상태였다가 아리스토텔레스에서 어느 정도 화해가 이루어지는 듯했으나 여전히 격벽을 극복하진 못 했다. 키케로는 최소한 자신이 그 두 영역을 겸장하는 것으로 자부했을 것이다. 희랍에서 수사학 이론이 건너온 지 상당한 시간이 흘러 키케로를 포함하여 로마인들의 자의식이 커진 면도 무시할 수 없다. 그러나 『토피카』가 그 두 영역을 실제로 잇는지 평가하기에는 내용이 너무 소략하다.

3.3. 작품의 구조

1절에서 5절까지는 서론이자 도입부이다. 본론 내용을 다루게 된 배경 상황을 설명한다.

6절에서 78절까지는 논소들(loci)을 분류한다. 80절부터는 문제들(quaestiones)을 구분하고 해결책을 제시하는데, 이 부분은 철학적 논의에서 한 걸음 멀어져 수사학에 접근하고 있다.

6절에서 8절까지 발견과 판단의 차이를, 논소와 논거의 관계를 설명한다. 6절과 7절에서는 판단이 아닌 발견의 논의가 필요함을 밝히며, 8절 후반부에서는 논소 분류를 간략히 소개한다. 8절에서는 따라오는 논소들을 분류한 다음 9절부터 그렇게 구분된 바를 상세히 다루고 있다. 키케로가 『연설가에 대하여』 2권 163절에서 173절까지 설명한 바가 8절에서 24절까지 논소들과 그 실례들로 간략히 소개 및 설명되고 있다. 25절에서 78절까지는 8절에서 24절까지 기술되었던 논소들이 다시 한 번 설명되고 있다. 같은 내용을 2회에 걸쳐 기술하는 이 저서의 독특한 구성이다. 그런데 8~24절의 설명과 25~78절의 설명이 단순히 중복이라고 치부하면서 그 이중 설명을 단순히 글을 썼던 상황의 열악함만으로 돌리는 견해도 있으나 그렇게 단언하긴 어렵다.

우선 9절에서 23절까지는 소위 내적 (일반) 논소들(loci in eo ipso, de quo agitur) 즉 주제 자체에 놓여 있는 논소들이, 다음 24절에서는 외부 (일반) 논소들(loci adsumuntur extrinsecus)이 취급된다.[21] 전자 부류의 논소에 여러 하위 논소들이 제시된다. 전체(ex toto), 부분(ex partibus)[22], 어의(ex nota), 관계물(res affectae) 등이 그것이다. 9절과 10절에서는 전체와 부분 논소와 관련하여 구체적 사례들을 로마법에서 추출하여 제시한다. 11절에서는 파생결합(coniugata), 유(ex genere), 종(ex forma), 유사(ex similitudine), 차이(ex differentia), 대립(ex contrario), 당연결부(ex adiunctis), 선행(ex antecedentibus), 후행(ex consequentibus), 모순(ex repugnantibus), 원인(ex causis), 결과(ex effectis), 비교(ex comparatione)의 논소가 등장한다. 12절에서 23절까지는 이 논소들의 실례들을 든다. 24절에서는 외적 논소와 그 실례가 소개된다.

<hr>

21 Calboli Montefusco, Lucia, *Topik*(übers. v. Th. Zinsmaier), *Der Neue Pauly. Enzyklopädie der Antike*. Cancik, Hubert, Schneider, Helmut (Hrg.). Stuttgart, Weimar, 2002.

22 28, 30, 33, 34절에서 열거(partitio)와 구분(divisio)에 건널 수 없는 경계가 있는 듯 취급된다. 그러나 83절에서 이미 키케로는 실용적인 시각에서 그 둘 사이에 차이가 무시될 수 있음을 실토한다.

25절에서는 이 논소들 전체의 효용성을 강조하면서 그 실례들을 정리한다. 26절에서 78절까지는 제2회 설명이 전개된다. 13절과 14절에서는 유와 종 논소가 다루어지는데, 이 논소 쌍이 제2회 설명에서는 다루어지지 않고, 다루어졌어야 할 40절에서 종 논소가 언급되지 않는다. 다시 한 번 구성이 정제되지 않음을 확인할 수 있다. 19절부터 21절까지 선행, 후행, 모순의 논소 트리오가 해설되었는데, 이 논소들이 53절에서 57절까지 '변증술가에게 고유한 것(dialecticorum proprium)'으로 규정되면서 논증 형식의 일부로 편입된다. 이 부분에서의 7개(최후의 두 개는 합쳐 총 6개로 보기도 한다)의 논증 형식이 『토피카』 전체 구조를 확실히 더 개관하기 어렵게 만든다. 이 논증 형식들(전건긍정식, 후건부정식, 긍정적 선언삼단논법, 부정적 선언삼단논법, 선언지 제거법, 연언부정법)은 통상 일반 논소라고 인정되는 논소가 아니기 때문이다.

원인과 결과 논소는 22절과 23절에 한 번 열거된 다음, 58절 이하에서는 원인을 논하면서 결과를 부수적으로 논하고(63절) 다른 한편으로 그 둘을 선명하게 대비시키고 있다(67절). 9절부터 24절까지 명확히 나뉘었던 논소들이 제2회 설명에서는 경계가 불분명해지는 경우들도 있다. 예컨대 38절에서는 파생결합 논소와 어의분석 논소가 밀접하게 관련된다며 설명을 달리한다(38절). 9절과 10절에서 다루어진 전체와 부분 논소는 논소와의 유사함이 강조된다(40절). 전체 논소를 다루면서 부분을 제외할 수 없으며, 이화와 동화가 언제나 있을 수밖에 없다는 의미에서 전체—부분 논소와 유 논소가 연결되고 있는 것이다. 사실 제2회 설명 내의 논소들의 구별도 반드시 체계적합적이지는 않다. 예컨대 41절에서 43절까지 유사 논소와 68절에서 71절까지의 비교 논소도 밀접한 관계를 갖는다. 상식적으로 비교 없는 유사는 없을 테니까 말이다.

제2회 설명은 제1회 설명과 기본 내용은 같은데, 앞에서도 지적했듯이 1회와 2회의 관계가 어떠한지 아주 명확하지는 않다. 71절 후반부에서는 논소들이 다시 한 번 열거되면서 소결이 한 번 내려진다. 그러나 72절부터 78절까지 다시 8절에서 소개되었던 논소들의 설명이 이어지므로 71절이 단절은 아니다.

마지막으로 79절부터 부록 비슷한, 말하자면 제2부가 시작된다. 키케로는 이제 79절에서 86절까지 그 유명한 쌍인 일반 문제(thesis/propositum)와 특수 문제(hypothesis/causa)를 대비시켜 논하고 있다.[23] 79절에서 일반 논소에 관한 소결을 내고 그다음 79절 후반부부터 86절까지는 첫 번째 부록으로 문제(quaestiones)의 종류들을, 87~99절에서는 두 번째 부록으로 각 문제에 대한 논

---

23   이에 관해선 우선 『연설가에 대하여』 3권 111절 이하와 『수사학 구분』 61절 이하를 참조하라.

소들의 적용을 설명하고 있다. 90절까지는 일반 문제, 그 후에는 특수 문제를 다룬다. 물론 논소들의 적용에 관해서는 이미 앞부분에서 다루었기 때문에 이 반복을 어떻게 설명해야 하는지도 일종의 미스터리다.

4. 영향사

키케로의 모든 저작은 우선 로마에서 이루어진 희랍 문화의 계승이라는 측면에서 보아야 한다. 더 나아가 그의 다른 수사학 저작과 함께 『토피카』는 후대에 방향을 제시하였다. 중세부터 유럽 문명이 라틴어를 바탕으로 한다는 점에서 라틴어로 수사학에 관한 저술을 했다는 점만으로도 큰 공헌이라 할 수 있다. 다만, 로마가 패권을 잡고 제국이 되면서 라틴어가 유럽을 석권하긴 했지만 라틴어 수사학의 전통은 상용될 기회를 잃은 연설보다는 교육 쪽에 치중될 수밖에 없었다. 여하튼 그의 기여는 고대에 한정되지 않고, 고대 후기 및 중세를 거쳐 르네상스 시기까지, 더 나아가 20세기 수사학의 부흥까지 이어진다.

키케로의 이상적 연설가는 글공부를 제대로 하여 보편적 교양을 갖추고 철학적 지혜도 갖추어야 한다. 이러한 그의 비전은 수사학을 다룬 이론가들과 실전 연설가들 모두 따르려 했는데, 특히 수사학 이론가 퀸틸리아누스나 역사 서술로 이름난 타키투스가 알려져 있다. 로마에서 공화정의 종언 이후 제정에 접어들자 대중집회나 원로원에서도, 이른바 비상심리 절차[24]가 원칙이 된 법정에서도 연설은 기회가 점차 줄었고 그에 따라 의미도 잃었다. 칭송하는 목적의 전시성 연설이나 의식에서 필요한 연설만이 이용되다가 결국 연설보다는 글쓰기의 수사학으로 축소되었다. 그리하여 단어의 종류를 나누고, 문체와 문채를 구분하고, 운율을 고려하는 것이 수사학 교과의 주된 학습 과정을 구성하게 된다.

이렇게 변화된 상황에서 1세기의 퀸틸리아누스는 수사학을 매우 중시하였고 이성과 함께 인간의 본질적인 덕목으로 보았다. 그리하여 수사학을 위시하는 교육을 표방하였고 그에 따라 『연설술 교본(Institutio oratoria)』을 남겼다. 그 후 4~5세기의 마리우스 빅토리누스(Marius Victorinus)나 그릴리우스(Grillius)의 키케로 『발견론』에 대한 주석서도 수사학 교재로 쓰였다. 이론서 외에도 이제 그의 연설문과 서간문이 수사학 교육의 소재가 된다.

제국 동부에서는 주로 희랍어로 철학의 교수가 이루어진 반

---

24 로마의 민사소송제도. 본래, 정규의 절차가 아니라는 의미에서 '비상'심리 (非常審理, cognitio 'extraordinaria' 또는 cognitio 'extra ordinem')라고 불렸으나 결국 제국 내 공인된 유일한 절차가 되었다. 제국의 사법관이 자기 책임 하에 재판을 끝까지 주재하고 최종 판결을 내렸다.

면, 라틴어를 사용하는 로마 제국 내라면 라틴어 수사학 학교들의 네트워크가 존재했다. 이 학교들이야말로 당시 최고 수준의 교육을 제공하였다. 그런데 로마 제국의 쇠망으로 정치 기관 외에 대부분의 교육 기관도 게르만 인들에 의하여 파괴되었다. 다양하던 교습 기관들이 사라지고 유일하게 독점적 교육 기능을 담당한 것은 수도승이었다. 수사학은 가까스로 수도원에서 명맥을 이었다. 그러나 기독교가 유입되고 제국에서 공인되면서 라틴어를 구사하던 기독교 저술가들은 습득한 수사학 기법을 성경 내용에 적용하였다. 그렇게 수사학은 기독교의 신학 교리에 융합되었고, 보편 교양을 추구하던 글공부는 설교에 활용되었다.

『토피카』에 대한 주석서를 쓴 6세기의 라틴어 저술가 보에티우스는 논소의 유형론을 창안하여 고대와 중세를 잇는 가교 역할을 한다. 보에티우스는 키케로의 저술에서 내용을 추출하여 논소가 무엇인지 정의하고 그에 의한 논거와 논증 그리고 논소를 분류할 기준도 더 정밀히 마련하였는데, 중세 내내 이 준별이 준수되었다. 14세기에 페트라르카 등 이탈리아 인문주의자들은 키케로 수사학 작품의 필사본을 발견하였다. 이 발견을 밑거름 삼아 르네상스 시기부터는 수사학에 대한 관심과 발전이 독자적인 궤도에 올라 근대 수사학의 토대를 이루었다.

5. 역후감

짧디짧은 세기말 벨 에포크의 도취가 끝나고 20세기 초 초대형 역질이 찾아왔다. 스페인 독감은 이미 여러 모순이 곪아터지면서 초래된 전쟁에 시달리던 인류에게 한계를 넘는 고통을 가하였다. 파탄은 미봉되고 치유되지 못한 채 흘러가다 결국 세기 중반이 돼서야 그나마 학살로 정리되었다. 그 후에도 이데올로기와 패권을 위한 대치는 오래도록 강고했다. 그렇게 열전과 냉전으로 점철된 20세기에, 인류가 그동안 개발한 거의 모든 논소들이 동원되어 아군을 방호하거나 적군을 공격하는 데 쓰였다. 그러나 많은 경우 연설들은 공허한 수사로 채워졌고 수사 자체가 폄훼되었다. 하지만 동시에 인류는 전쟁이 아닌 외교적 · 정치적 해결에서 수사를 빼고는 어떠한 진척도 가능하지 않음도 알았다. 수사는 학술 영역을 넘어 외교나 정치뿐만 아니라 사법을 포함하는 사회에서 숙의가 필요한 모든 영역에 필수적임이 드러났다.

고맥락(high context)으로 특징지어지는 한국 사회도 수사학에 대한 관심이 부쩍 높아졌다. 다만 사회는 나름 성숙해졌다지만 진정한 연설술에 대한 고민과 반성은 여전히 부족하다. 약한 수사는 외교, 정치, 사법 등의 영역을 붕괴토록 만든다. 그리되면 민주주의건 법치주의건 포기할 수 없는 가치들을 향한 노력이 수포로 돌아갈 수밖에 없다.

키케로는 철학자임에도 현실정치를 아는 현실주의자로서 외교, 정치, 사법의 다방면을 아우르는 수사를 중시하였다. 『토피카』와 그의 여타 수사학 저술들은 서구의 강점이 어디에 있는지 잘 보여준다. 흔히 현대는 연설이 옛날보다 그 중요성이 덜하고 수사학도 의미가 예전 같지 못하다고들 한다. 그러나 수사학은 의미가 약해지지 않았고 여전히 여러 영역에서 다양한 얼굴로 우리의 도전을 기다리고 있을 뿐이다. 21세기를 뛰는 가슴으로 맞이한 지 어언 스무 성상이 넘었다. 악랄한 역질은 다시 왔지만 수사의 미숙과 부족에 기인하는 재앙은 더 이상 없어야겠다.

"또한 이런 이유에서 풍부하게 말하는 것이,
현명하게 이루어지는 한, 말없이 극히 예리하게 생각하는 것보다 낫다.
왜냐하면 생각은 그 자체에 국한되지만,
말은 공동체로 우리와 결속된 자들을 상대하기 때문이다."

ob eamque etiam causam eloqui copiose,
modo prudenter, melius est quam vel acutissime sine eloquentia cogitare,
quod cogitatio in se ipsa vertitur,
eloquentia complectitur eos, quibuscum communitate iuncti sumus.

— 키케로, 『의무론』, 1권 156절

참고문헌

1. 본문, 번역서, 주석서

1) Topica

키케로, 양태종 역주, 『화술과 논증. 키케로의 수사학 교본』, 유로서적, 2006.

吉原 達也, 飜訳. キケロ『トピカ』, 『広島法学』第34巻 2号, 2010.

渡辺 浩司, 〈翻訳〉キケロー『トピカ』, 大阪大学大学院文学研究科紀要 61, 2020.

Cicéron, Hinard(trad.), *Les Topiques*, 1869.

Friedrich, W., *M. Tulli Ciceronis Rhetorica ii*, Leipzig, 1891.

Augustus Samuel Wilkins (ed.), Oxford Classical Texts: M. Tulli Ciceronis: *Rhetorica*, Vol. 2: Brutus; Orator; De Optimo Genere Oratorum; Partitiones Oratoriae; Topica, Oxford University Press, 1903.

Cicero, H. M. Hubbell(transl.), *De inventione; De optimo genere oratorum; Topica*. Classical Library Cambridge, Harvard University Press, 1949.

Henri Bornecque(trad.), *Divisions de l'art oratoire. topiques*, Paris, 1960.

Hans Günter Zekl, Marcus Tullius Cicero, *Topik*. Lateinisch−Deutsch. Philosophische Bibliothek Band 356, Felix Meiner Verlag, 1983.

Karl Bayer(übers./erl.), *Marcus Tullius Cicero, Topica. Die Kunst, richtig zu argumentieren*. lateinisch−deutsch(Sammlung Tusculum), Zürich, 1993.

Maria, G. di, *Marci Tulli Ciceronis Topica*(Bibliotheca philologica, 1.), Palermo, 1994.

Maria Laetitia Riccio Coletti(edit.), *M. Tulli Ciceronis Topica*, Chieti, 1994.

Marcus Tullius Cicero, Tobias Reinhardt, *Topica*. Oxford classical monographs. Oxford: Oxford University Press, 2003.

2) 기타

최병조, 「1 십이표법(대역)」, 『로마법연구(I) ― 법학의 원류를 찾아서』, 서울대학교출판부, 1995.

퀸틸리아누스, 전영우 옮김, 『스피치 교육. 변론법 수업』, 민지사, 2014.

키케로, 강대진 옮김, 『예언에 관하여』, 그린비, 2021.

키케로, 김남우, 성중모, 이선주, 임성진, 이상훈 공역, 『설득의 정치』, 민음사, 2015.

키케로, 안재원 편역, 『수사학. 말하기의 규칙과 체계』, 도서출판 길, 2006.

키케로, 양태종 옮김, 『화술의 법칙. 키케로의 수사학 교본(개정판)』, 유로서적, 2005.

키케로, 양호영 옮김, 『아카데미아 학파』, 아카넷, 2021.

키케로, 전영우 옮김, 『연설가에 대하여. 로마의 실천 변론법』, 민지사, 2013.

3) 「작품 안내」에서 인용된 개소들

『12표법(*Lex duodecim tabularum*)』 7, 8a

『학설휘찬(*Digesta*)』 *D.* 39.3.5; *D.* 39.3

가이우스, 『법학제요(*Gai Institutiones*)』 1.159 이하, 2.41, 2.42~44, 2.53~54.

겔리우스, 『아티카의 밤(*Noctes Atticae*)』 16, 10, 2~6.

아리스토텔레스, 『수사학』 4, 23.

울피아누스, 『법리칙집(*Regulae*)』 19.8.

퀸틸리아누스, 『연설술 교본(*Institutio oratoria*)』 5.14.28.

키케로, 『예언에 관하여(*De divinatione*)』 2.1~4.

키케로, 『운명에 관하여(*De fato*)』 24.

키케로, 『최고선악론(*De finibus*)』 4.10.

키케로, 『친구들에게 보낸 서한(*Epistulae ad familiares*)』 7.20. 2; 4.1.1; 4.30.

키케로, 『카이키나 변론(*Pro Caecina*)』 19.54.

플라톤, 『국가』 1권 338c.

플라톤, 『메논』 71e 이하.

2. 저서, 논문, 백과사전 표제

양태종, 「키케로의 Topica 연구 ― 수사적 논증의 뿌리를 찾아서 ―」, 『독어학』 12호, 2005.

양태종, 「토피카에 나타난 키케로의 법률관과 법률용어」, 『독어독문학』 49권 1호, 2006.

이세운, 「키케로의 『토피카』에서 loci와 quaestio의 구성과 그 활용」, 서울대학교 대학원, 협동과정 서양고전학전공 석사 학위논문, 2009.

Lee, Sewon, 「How to Understand Cicero's Idea of loci in his Topica」, 『서양고전학연구』 46호, 한국서양고전학회, 2011.

최병조, 『로마법연구(I) ― 법학의 원류를 찾아서』, 서울대학교출판부, 1995.

吉原達也, 「キケロ『トピカ』におけるローマ法学の範例(exampla)」, 『広島法

学』第25巻 2号, 2001.

吉原達也,「キケロ『トピカ』とローマ法学(1)」,『広島法学』第26巻 2号, 2002.

吉原達也,「キケロ『トピカ』とローマ法学(2)」,『広島法学』第26巻 3号, 2003.

Albrecht, Michael von, "M. Tullius Cicero: Sprache und Stil", *RE* Suppl. xiii. 1237~1347, 1973.

Barwick, Karl, *Das rednerische Bildungsideal Ciceros* (Abhandlungen der sächsischen Akademie der Wissenschaften Leipzig, Philosophisch-Historische Klasse, 54.3; Berlin), 1963.

Berger, Adolf, *Encyclopedic Dictionary of Roman Law*(Philadelphia), 1953.

Brägger, Rafael, *Actio auctoritatis*, Duncker & Humblot, 2012.

Calboli Montefusco, Lucia: Topik. übers. von Th. Zinsmaier. In: *Der Neue Pauly. Enzyklopädie der Antike.* Cancik, Hubert; Schneider, Helmut (Hg.). Stuttgart, Weimar 2002.

Falcone, Giuseppe, "La formula "ut inter bonos bene agier oportet et sine fraudatione" e la nozione di "vir bonus"", *Fundamina* (Pretoria) vol.20 n.1, 2014.

Fraenkel, Ernst, "Some Notes on Cicero's Letters to Trebatius", *JRS* 47, 1957.

Friedrich, Wilhelm, "Zu Ciceros topica", *Jahrbücher für classische Philologie* 139, 1889.

Fuhrmann, Manfred, "Die zivilrechtlichen Beispiele in Ciceros Topik", in T. Schirren and G. Ueding (eds.) *Topik und Rhetorik — Ein interdisziplinäres Symposium*, Tübingen, 2000.

Kornhardt, Hildegard, "Postliminium in republikanischer Zeit", *SDHI* 19, 1953.

Krüger, H., "Die Worte "qua de re agitur" und (res), "qua de agitur" in den Prozeßformeln", *ZRG* 29, 1908.

Laffi, Umberto, "L'ager compascuus", *REA* 100, 1998.

Maffi, Alberto, *Ricerche sul postliminium*, Milano, A. Giuffrè, 1992.

Maria, G. di, "Sitne "scripsisses" an "cavisses" in Ciceronis Topicis (1,4), legendum`, in *Studi di filologia classica* in onore di Giusto Monaco (Palermo), ii. 843~848. 1991.

Marrone, Matteo, "Considerazioni sui "ruta (et), caesa"", in Studi in onore di Edoardo Volterra, Milano, 1971.

Mette, H. J., "Philon von Larisa und Antiochus von Askalon", *Lustrum*, 1986/7.

Nörr, Dieter, "Cicero−Topica 4,22. Zur Anwendung der cautio damni infecti bei einer Kommunmauer und zum rhetorisch−philosophischen τόπος ἀπὸ τοῦ αἰτίου" in J. Modrzejewski and D. Liebs (eds.), *Symposion* 1977: Vorträge zur griechischen und hellenistischen Rechtsgeschichte (Chantilly, 1.~4.6.1977), Köln, 1982.

Reinhardt, Tobias, "A Note on the Text of Cicero's Topica in Cod. Voss. Lat. F 86", *Mnemosyne* 4, 55, 2002.

Riposati, Benedetto, Studi sui 'Topica' di Cicerone, *Ediz. dell' Univ. Cattolica del S. Cuore*, vol. XXII. Società editrice 《Vita e Pensiero》, Milano, 1947.

Schanbacher, Dietmar, "Alienatio", *Der Neue Pauly*, i., 1996.

Schweinfurth−Walla, Sigrid, *Studien zu den rhetorischen Überzeugungsmitteln bei Cicero und Aristoteles* (Mannheimer Beiträge zur Sprach− und Literaturwissenschaft), 1986.

Sonnet, Paul, *Gaius Trebatius Testa* (Giessen; Diss. phil.), 1932.

Steinwenter, Artur, "Mancipium", *Realenzyklopädie* xiv. 1010~1014, 1928.

Stroux, Johannes, *Römische Rechtswissenschaft und Rhetorik*, Potsdam, 1949.

Sturm, Friz, *Abalienatio: Essai d'explication de la définition des Topiques* (Cic., Top. 5.28) (Milano; Diss. phil.), 1957.

Thielscher, Paul, "Ciceros Topik und Aristoteles", *Philologus* 67, 1908.

Wagner, Tim, "Topik"(pp. 605~626), *Historisches Wörterbuch der Rhetorik*,

Band 9, Gerd Ueding(ed.), Tübingen, 2009.

Walde, Christine: Status. In: *Der Neue Pauly. Enzyklopädie der Antike*. Cancik, Hubert; Schneider, Helmut (Hg.). Stuttgart, Weimar, 2001. Bd. 11.

Wenger, Leopold, "Formula", *RE* vi., 1907.

Wieacker, Franz, "Cicero und die Fachjurisprudenz seiner Zeit", *Ciceroniana* 2, 1978.

Wieacker, Franz, "Zum Ursprung der bonae fidei iudicia", *ZRG* 80, 1963.

Winterbottom, Michael, "The Integri of Cicero's Topica", *CQ* 2 46, 1996.

찾아보기

아라비아 숫자는 본문의 절을 나타낸다.

옮긴이의 말

『토피카』를 처음 접하고 무슨 내용인지 씨름했던 것은 학부 때이고 어언 30년이 넘었다. 그러다 법학과에서 석사 학위를 마치고 독일 유학을 준비하던 2002년 1학기에, 서양고전학 협동과정에서 마침 이태수 선생님의 『토피카』 강독 강의가 개설되었다. 한 학기 동안 재미있게 읽었고, 깨닫지 못한 부분도 많았지만 키케로의 진면목을 조금이나마 맛보았다. 강독 시간에 『토피카』만이 아니라 그에 대한 보에티우스의 주석도 비교하며 같이 읽었는데, 고대에서 중세로의 사유 변화를 느낄 수 있어서 즐거웠다. 게다가 함께 수강했던 김동훈, 장시은 동학에게도 많은 가르침을 받았다. 그런데 이때의 강독과 토론으로 해소되지 않은 갈증이 줄곧 남아 있었다. 그 갈증을 내 스스로 채우려 지금 나선다. 이 일을 하려고 그동안 개인적으로는 인문학의 바탕 지식, 특히 수사학이나 철학에 대해서 부족함을 채우기 위한 공부를 멈추지 않았다. 그저 수수방관할 수 없다는 공적 의무감도 줄곧 나를 짓눌렀지만, 개인적 비원도 푸는 기회이기에 괴롭지만은 않았다.

『토피카』는 『국가론』, 『법률론』과 더불어 키케로 작품 중 그래도 법학 연구자가 주도적으로 번역할 수 있는 작품이다. 은사이신 최병조 교수님도 독일에서 돌아오신 1980년대 중반 『토피카』로 강독회를 여신 적이 있다. 그러나 그 후 법학계 사정이 나아진 건 별로 없다. 악화되지 않았으면 다행이랄까? 새롭게 도입된 법학전문대학원의 교과과정에서 연설과 변론 교육이 약하다는 비판이 있음에도, 법학전문대학원은 변호사시험 준비를 위주로 운영되어 미미한 관심을 제외하면 수사학은 망각된 지 오래다. 그러나 아예 손을 놓을 순 없었고 키케로부터 번역하기로 했다.

『토피카』는 다양한 분과의 내용이 섞여 있어 번역이 쉽지 않지만, 그간 노력이 아예 없진 않았다. 양태종 선생이 바이어(Karl Bayer)의 역주 작품을 기초로 독일어에서 번역하여 『화술과 논증』(유로서적, 2006)이라는 표제로 발간한 바 있다. 그 밖에 다음과 같은 로마의 수사학 저작들이 우리말로 번역되어 있다. 같은 양태종 선생은 키케로의 『수사학 구분』을 『화술의 법칙』이라는 제목으로 냈으며, 전영우 선생도 키케로의 『연설가에 대하여. 로마의 실천 변론법』(민지사, 2013)과 퀸틸리아누스의 『스피치 교육. 변론법 수업』(민지사, 2014)을 번역하였다. 특히 라틴어에서 직역

된 작품도 있다. 안재원 선생은 키케로의 『수사학 구분』을 『수사학』(도서출판 길, 2006)이라는 제하에 옮겼다. 이러한 인문학 연구자들의 학술적 업적에 경탄할 수밖에 없었다. 다만, 그들에게 로마법 영역에서 추출된 사례들이 어려울 것이라는 점도 인정치 않을 수 없다. 학문 간의 융합이 지난한 일이기에 이런 사정을 내 역할의 의의에 대한 변으로 삼겠다.

이제서야 이런 기초 작품이 원어에서 번역된 것은 다행이지만 만시지탄도 크다. 그래서 좀 서둘렀다. 지체도 손실이기 때문이다. 최고는 못 되어도 최악은 막아야겠다는 심정으로 필요할 땐 동료 연구자들의 머리도 빌렸는데, 작업은 김선희, 김진식, 양호영, 이선주, 임성진 선생님의 헌신과 희생 위에서 가능했다. 다만 내 자신의 결함으로 오류는 불가피했다. 앞으로 교정과 개선을 부담으로 지고 가겠다. 도움은 넘칠 정도였으나 송구하게도 그릇이 좀 샜다.

끝으로 언제나 힘을 주시는 최병조 선생님과 로마법 가족, 죽어 있던 글에 영혼을 불어넣은 아카넷의 박수용 팀장님, 특히 이번 작업에 큰 도움을 준 뢰닝(Loening) 박사께 감사드린다.

2022년 4월

성중모

사단법인 정암학당을 후원해 주시는 분들

정암학당의 연구와 역주서 발간 사업은 연구자들의 노력과 시민들의 귀한 뜻이 모여 이루어집니다. 학당의 모든 연구는 시민들의 자발적인 후원을 바탕으로 하기 때문입니다. 그 결실을 담은 '정암고전총서'는 연구자와 시민의 연대가 만들어 내는 고전 번역 운동의 산물이라고 할 수 있습니다. 이 같은 학술 운동의 역사적 의미를 기리고자 이 사업에 참여한 후원회원 한 분 한 분의 정성을 이 책에 기록합니다.

평생후원회원

Alexandros Kwanghae Park 강대진 강상진 강선자 강성훈 강순전 강창보
강철웅 고재희 권세혁 권연경 기종석 길명근 김경랑 김경현 김기영
김남두 김대오 김미성 김미옥 김상기 김상수 김상욱 김상현 김석언
김석준 김선희(58) 김성환 김숙자 김영균 김영순 김영일 김영찬 김운찬
김유순 김 율 김은자 김인곤 김재홍 김정락 김정란 김정례 김정명
김정신 김주일 김진성 김진식 김출곤 김 헌 김현래 김현주 김혜경
김혜자 김효미 류한형 문성민 문수영 문종철 박계형 박금순 박금옥
박명준 박병복 박복득 박상태 박선미 박세호 박승찬 박윤재 박정수
박정하 박종민 박종철 박진우 박창국 박태일 박현우 반채환 배인숙
백도형 백영경 변우희 서광복 서 명 서지민 설현석 성중모 손병석
손성석 손윤락 손효주 송경순 송대현 송성근 송순아 송유레 송정화
신성우 심재경 안성희 안 욱 안재원 안정옥 양문흠 양호영 엄윤경
여재훈 염수균 오서영 오지은 오흥식 유익재 유재민 유태권 유 혁
윤나다 윤신중 윤정혜 윤지숙 은규호 이기백 이기석 이기연 이기용
이두희 이명호 이미란 이민숙 이민정 이상구 이상원 이상익 이상인
이상희(69) 이상희(82) 이석호 이순이 이순정 이승재 이시연 이광영 이영원
이영호(48) 이영환 이옥심 이용구 이용술 이용재 이용철 이원제 이원혁
이유인 이은미 이임순 이재경 이정선(71) 이정선(75) 이정숙 이정식 이정호
이종환(71) 이종환(75) 이주형 이지수 이 진 이창우 이창연 이창원 이충원
이춘매 이태수 이태호 이필렬 이향섭 이향자 이황희 이현숙 이현임
임대윤 임보경 임성진 임연정 임창오 임환균 장경란 장동익 장미성
장영식 전국경 전병환 전헌상 전호근 정선빈 정세환 정순희 정연교
정 일 정정진 정제문 정준영(63) 정준영(64) 정태흡 정해남 정흥교 정희영
조광제 조대호 조병훈 조익순 지도영 차경숙 차기태 차미영 최 미
최세용 최수영 최병철 최영임 최영환 최운규 최원배 최윤정(77) 최은영
최인규 최지호 최 화 표경태 풍광섭 하선규 하성권 한경자 한명희
허남진 허선순 허성도 허영현 허용우 허정환 허지현 홍섬의 홍순정
홍 훈 황규빈 황유리 황예림 황희철
나와우리〈책방이음〉 도미니코 수도회 도바세 방송대문교소담터스터디
방송대영문과07 학번미아팀 법률사무소 큰숲 부북스출판사(신현부)
생각과느낌 정신건강의학과 이제이북스 카페 벨라온

개인 246, 단체 10, 총 256

후원위원

강성식	강승민	강용란	강진숙	강태형	고명선	곽삼근	곽성순	구미희
길양란	김경원	김나윤	김대권	김명희	김미란	김미선	김미향	김백현
김병연	김복희	김상봉	김성민	김성윤	김순희(1)	김승우	김양희(1)	김양희(2)
김애란	김영란	김옥경	김용배	김윤선	김장생	김정현	김지수(62)	김진숙(72)
김현제	김형준	김형희	김희대	맹국재	문영희	박미라	박수영	박우진
박현주	백선옥	사공엽	서도식	성민주	손창인	손혜민	송민호	송봉근
송상호	송연화	송찬섭	신미경	신성은	신영옥	신재순	심명은	오현주
오현주(62)	우현정	원해자	유미소	유형수	유효경	이경진	이명옥	이봉규
이봉철	이선순	이선희	이수민	이수은	이승목	이승준	이신자	이은수
이재환	이정민	이주완	이지희	이진희	이평순	이한주	임경미	임우식
장세백	전일순	정삼아	정은숙	정현석	조동제	조명화	조문숙	조민아
조백현	조범규	조성덕	조정희	조준호	조진희	조태현	주은영	천병희
최광호	최세실리아		최승렬	최승아	최이담	최정옥	최효임	한대규
허 민	홍순혁	홍은규	홍정수	황정숙	황훈성	정암학당1년후원		

문교경기〈처음처럼〉　　　　문교수원3학년학생회　　　　문교안양학생회
문교경기8대학생회　　　　　문교경기총동문회　　　　　문교대전충남학생회
문교베스트스터디　　　　　　문교부산지역7기동문회　　　문교부산지역학우일동(2018)
문교안양학습관　　　　　　　문교인천동문회　　　　　　　문교인천지역학생회
방송대동아리〈아노도스〉　　방송대동아리〈에사모〉　　　방송대동아리〈프로네시스〉
사가독서회

개인 123, 단체 16, 총 139

후원회원

강경훈	강경희	강규태	강보슬	강상훈	강선옥	강성만	강성심	강신은
강유선	강은미	강은정	강임향	강주완	강창조	강 항	강희석	고경효
고복미	고숙자	고승재	고창수	고효순	곽범환	곽수미	구본호	구익희
권 강	권동명	권미영	권성철	권순복	권순자	권오성	권오영	권용석
권원만	권장용	권정화	권해명	권혁민	김경미	김경원	김경화	김광석
김광성	김광택	김광호	김귀녀	김귀종	김길화	김나경(69)	김나경(71)	김남구
김대겸	김대훈	김동근	김동찬	김두훈	김 들	김래영	김명주(1)	김명주(2)
김명하	김명화	김명희(63)	김문성	김미경(61)	김미경(63)	김미숙	김미정	김미형
김민경	김민웅	김민주	김범석	김병수	김병옥	김보라미	김봉습	김비단결
김선규	김선민	김선희(66)	김성곤	김성기	김성은(1)	김성은(2)	김세은	김세원
김세진	김수진	김수환	김순금	김순옥	김순호	김순희(2)	김시형	김신태
김신판	김승원	김아영	김양식	김영선	김영숙(1)	김영숙(2)	김영애	김영준
김옥주	김용술	김용한	김용희	김유석	김은미	김은심	김은정	김은주
김은파	김인식	김인애	김인욱	김인자	김일학	김정식	김정현	김정현(96)
김정화	김정훈	김정희	김종태	김종호	김종희	김주미	김중우	김지수(2)

김지애	김지열	김지유	김지은	김진숙(71)	김진태	김철한	김태식	김태욱
김태헌	김태희	김평화	김하윤	김한기	김현규	김현숙(61)	김현숙(72)	김현우
김현정	김현정(2)	김현철	김형규	김형전	김혜숙(53)	김혜숙(60)	김혜원	김혜정
김홍명	김홍일	김희경	김희성	김희준	나의열	나춘화	나혜연	남수빈
남영우	남원일	남지연	남진애	노마리아	노미경	노선이	노성숙	노채은
노혜경	도종관	도진경	도진해	류다현	류동춘	류미희	류시운	류연옥
류점용	류종덕	류진선	모영진	문경남	문상흠	문순혁	문영식	문정숙
문종선	문준혁	문찬혁	문행자	민 영	민용기	민중근	민해정	박경남
박경수	박경숙	박경애	박귀자	박규철	박다연	박대길	박동심	박명화
박문영	박문형	박미경	박미숙(67)	박미숙(71)	박미자	박미정	박배민	박보경
박상선	박상준	박선대	박선희	박성기	박소운	박순주	박순희	박승억
박연숙	박영찬	박영호	박옥선	박원대	박원자	박윤하	박재준	박정서
박정오	박정주	박정은	박정희	박종례	박주현	박준용	박준하	박지영(58)
박지영(73)	박지희(74)	박지희(98)	박진만	박진현	박진희	박찬수	박찬은	박춘례
박태안	박한종	박해윤	박헌민	박현숙	박현자	박현정	박현철	박형전
박혜숙	박홍기	박희열	반덕진	배기완	배수영	배영지	배제성	배효선
백기자	백선영	백수영	백승찬	백애숙	백현우	변은섭	봉성용	서강민
서경식	서동주	서두원	서민정	서범준	서승일	서영식	서옥희	서용심
서월순	서정원	서지희	서창립	서회자	서희승	석현주	설진철	성 염
성윤수	성지영	소도영	소병문	소선자	손금성	손금화	손동철	손민석
손상현	손정수	손지아	손태현	손혜정	송금숙	송기섭	송명화	송미희
송복순	송석현	송염만	송요중	송원욱	송원희	송유철	송인애	송진우
송태욱	송효정	신경원	신기동	신명우	신민주	신성호	신영미	신용균
신정애	신지영	신혜경	심경옥	심복섭	심은미	심은애	심정숙	심준보
심희정	안건형	안경화	안미희	안숙현	안영숙	안정숙	안정순	안진구
안진숙	안화숙	안혜정	안희경	안희돈	양경엽	양미선	양병만	양선경
양세규	양예진	양지연	엄순영	오명순	오승연	오신명	오영수	오영순
오유석	오은영	오진세	오창진	오혁진	옥명희	온정민	왕현주	우남권
우 람	우병권	우은주	우지호	원만희	유두신	유미애	유성경	유정원
유 철	유향숙	유희선	윤경숙	윤경자	윤선애	윤수홍	윤여훈	윤영미
윤영선	윤영이	윤 옥	윤은경	윤재은	윤정만	윤혜영	윤혜진	이건호
이경남(1)	이경남(72)	이경미	이경선	이경아	이경옥	이경원	이경자	이경희
이관호	이광로	이광석	이군무	이궁훈	이권주	이나영	이다영	이덕제
이동래	이동조	이동춘	이명란	이명순	이미옥	이병태	이복희	이상규
이상래	이상봉	이상선	이상훈	이선민	이선이	이성은	이성준	이성호
이성훈	이성희	이세준	이소영	이소정	이수경	이수련	이숙희	이순옥
이승용	이승훈	이시현	이아람	이양미	이연희	이영숙	이영신	이영실
이영애	이영애(2)	이영철	이영호(43)	이옥경	이용숙	이용웅	이용찬	이용태
이원용	이윤주	이윤철	이은규	이은심	이은정	이은주	이이숙	이인순

이재현	이정빈	이정석	이정선(68)	이정애	이정임	이종남	이종민	이종복
이중근	이지석	이지현	이진아	이진우	이창용	이철주	이춘성	이태곤
이평식	이표순	이한솔	이현주(1)	이현주(2)	이현호	이혜영	이혜원	이호석
이호섭	이화선	이희숙	이희정	임석희	임솔내	임정환	임창근	임현찬
장모범	장시은	장영애	장영재	장오현	장재희	장지나	장지원(65)	장지원(78)
장지은	장철형	장태순	장해숙	장홍순	전경민	전다록	전미래	전병덕
전석빈	전영석	전우성	전우진	전종호	전진호	정경회	정계란	정금숙
정금연	정금이	정금자	정난진	정미경	정미숙	정미자	정상묵	정상준
정선빈	정세영	정아연	정양민	정양욱	정 연	정연화	정영목	정옥진
정용백	정우정	정유미	정은정	정일순	정재웅	정정녀	정지숙	정진화
정창화	정하갑	정은교	정해경	정현주	정현진	정호영	정환수	조권수
조길자	조덕근	조미선	조미숙	조병진	조성일	조성혁	조수연	조슬기
조영래	조영수	조영신	조영연	조영호	조예빈	조용수	조용준	조윤정
조은진	조정란	조정미	조정옥	조증윤	조창호	조황호	주봉회	주연옥
주은빈	지정훈	진동성	차문송	차상민	차혜진	채수환	채장열	천동환
천명옥	최경식	최명자	최미경	최보근	최석묵	최선회	최성준	최수현
최숙현	최영란	최영순	최영식	최영아	최원옥	최유숙	최유진	최윤정(66)
최은경	최일우	최자련	최재식	최재원	최재혁	최정욱	최정호	최정환
최종희	최준원	최지연	최혁규	최현숙	최혜정	하승연	하혜용	한미영
한생곤	한선미	한연숙	한옥희	한윤주	한호경	함귀선	허미정	허성준
허 양	허 웅	허인자	허정우	홍경란	홍기표	홍병식	홍성경	홍성규
홍성은	홍영환	홍은영	홍의중	홍지흔	황경민	황광현	황미영	황미옥
황선영	황신해	황은주	황재규	황정희	황주영	황현숙	황혜성	황희수
kai1100	익명							

리테라 주식회사　　　　　　　문교강원동문회　　　　　　문교강원학생회
문교경기〈문사모〉　　　　　　문교경기동문〈문사모〉　　　문교서울총동문회
문교원주학생회　　　　　　　문교잠실송파스터디　　　　문교인천졸업생
문교전국총동문회　　　　　　문교졸업생　　　　　　　　문교8대전국총학생회
문교11대서울학생회　　　　　문교K2스터디　　　　　　　서울대학교 철학과 학생회
(주)아트앤스터디　　　　　　영일통운(주)　　　　　　　장승포중앙서점(김강후)
책바람

개인 695, 단체 19, 총 714

2022년 4월 22일 현재, 1,064분과 45개의 단체(총 1,109)가 정암학당을 후원해 주고 계십니다.

▎ 옮긴이

성중모

서울시립대학교 법학전문대학원 교수. 정암학당 연구원. 서울대학교와 독일 뮌스터(Münster)
대학교 및 본(Bonn) 대학교에서 민법과 로마법을 연구했으며, 『민법상 첨부에 따르는 손해보
상청구권의 학설사적 연구』로 박사학위를 취득하였다. 옮긴 책으로 키케로의 『설득의 정치』
(공역), 테오도르 몸젠의 『몸젠의 로마사 1~5』(공역), 『개설 서양법제사』(공역)가 있고, 곧 나올
역서로는 하인리히 미타이스의 『독일법사』와 울리히 만테의 『로마법의 역사』가 있다.

정암고전총서는 정암학당과 아카넷이 공동으로 펼치는 고전 번역 사업입니다.
고전의 지혜를 공유하여 현재를 비판하고 미래를 내다보는 안목을 키우는
문화적 기반을 마련하고자 합니다.

정암고전총서 플라톤 전집

토피카

1판 1쇄 찍음 2022년 5월 2일
1판 1쇄 펴냄 2022년 5월 27일

지은이 키케로
옮긴이 성중모
펴낸이 김정호

책임편집 박수용
디자인 이대응

펴낸곳 아카넷
출판등록 2000년 1월 24일(제406-2000-000012호)
주소 10881 경기도 파주시 회동길 445-3 2층
전화 031-955-9510(편집) · 031-955-9514(주문)
팩시밀리 031-955-9519
www.acanet.co.kr

© 성중모, 2022

Printed in Paju, Korea.

ISBN 978-89-5733-795-0 94160
ISBN 978-89-5733-746-2 (세트)

이 저서는 2019년 대한민국 교육부와 한국연구재단의 지원을 받아 수행된 연구임
(NRF-2019S1A5C2A02082718)